유럽 4개국 여행회화

영국
독일
스페인
프랑스

유럽 4개국 **여행회화**

인쇄일 | 2019년 1월 11일
발행일 | 2019년 1월 20일(개정판)

지은이 | 어학연구소 저
감　수 | 차종환 박사
대　표 | 장삼기
펴낸이 | 신지현
펴낸곳 | 도서출판 사사연

등록번호 | 제10 - 1912호
등록일 | 2000년 2월 8일
주소 | 서울시 강서구 화곡동 355-14 위하우스 A동 601호
전화 | 02-393-2510, 010-4413-0870
팩스 | 02-393-2511

인쇄 | 성실인쇄
제본 | 동신제책사
홈페이지 | www.ssyeun.co.kr
이메일 | sasayon@naver.com

임시특가 12,000원
ISBN 979-11-89137-00-7　03900

 해외여행 필수품

유럽 4개국

영국
독일
스페인
프랑스

여행회화

우리말 발음과 함께 쉽게 배우는~

어떤장소에서도 OK!

인사 / 공항 입국 시 / 호텔 / 음식점 / 교통
관광 / 쇼핑 / 통신 / 사건·사고 시 / 공항 귀국 시

사사연어학연구소 저
차종환 박사 감수

도서출판
사사연

Comment allez-vous?

¡Qué alegría de verle!!

When will the next flight leave for ~?

머리말

　유럽 4개국 여행회화는 여행 시 자주 막히는 대화를 각 상황별로 엄선하여 글자마다 우리말 발음을 달아, 각국의 글자나 문법을 전혀 몰라도 누구나 당황하지 않고 쉽고 재미있게 해외여행을 할 수 있도록 하였습니다.

　또 각 주제별로 단어만 알아도 소통할 수 있도록 단어를 정리하였습니다!

　본 '유럽 4개국 여행회화'는 여러분의 여행에 충실한 반려자로서 여행의 즐거움을 드릴 것입니다.

사사연 어학연구소

유럽 4개국 여행회화의 특징

1. 유럽 4개국 여행회화는 여행에서 필요한 여러 가지 상황들을 엄선하여 초보자도 쉽게 활용할 수 있도록 하였습니다.

2. 유럽 4개국 여행회화는 여러 가지 상황(인사 · 공항 입국 시 · 호텔 · 음식점 · 교통 · 관광 · 쇼핑 · 통신 · 사건 사고 시 · 공항 귀국 시)에서 일어날 수 있는 여러 가지 예제를 담았습니다.

3. 유럽 4개국 여행회화는 쉽고 흥미 있게 공부할 수 있도록 글자마다 우리말 발음을 달아, 각국의 글자나 문법을 전혀 몰라도 누구나 당황하지 않고 쉽고 재미있게 해외여행을 할 수 있도록 하였습니다. 또 각 주제별로 단어만 알아도 소통할 수 있도록 단어를 정리하였습니다.

4. 유럽 4개국 여행회화는 처음 외국을 나가는 여행객들에게 「사사연어학연구소」가 드리는 충실한 여행 동반자 될 것입니다.

CONTENTS

영국 여행에서 필요한 표현

독일 여행에서 필요한 표현

CONTENTS

 스페인 여행에서 필요한 표현

프랑스 여행에서 필요한 표현

영국

애버딘•

에딘버러•

벨파스트•

•맨체스터

버밍엄•

옥스포드•
런던•

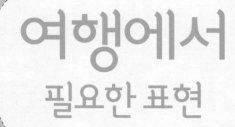

여행에서
필요한 표현

01. 안녕하십니까? (아침)
Good morning.
굿　　　모닝

02. 안녕하십니까? (오후)
Good afternoon.
굿　　　에프터눈

03. 안녕하십니까? (저녁)
Good evening.
굿　　　이브닝

13

04. 안녕히 계세요.
Good bye.
굿　　　바이

05. 안녕히 주무세요.
Good night.
굿　　　나잇

06. 행운을 빕니다.

Good luck!
굿　　　　럭

---

07. 또 만납시다.

See you again.
시　　유　　어게인

14

08. 감사합니다.

Thank you.
땡　　　큐

---

09. 아무것도 아니에요(천만에요).

You are welcome.
유　　아　　　웰컴

---

10. 실례합니다.

Excuse me.
익스큐즈　　미

11. 좋습니다.

Alright (O.K.).

올 라잇(오우 케이)

---

12. 부탁합니다.

Please.

플리즈

---

13. 어떻게 지냈어요?

How are you?

하우   아   유

---

14. 네.

Yes.

예스

---

15. 아니요.

No.

노우

16. 이름은 무엇입니까?

What's your name?
왓츠　유어　네임

---

17. 저의 이름은 ～입니다.

My name is~.
마이　네임　이즈

---

18. 만나게 되어 반갑습니다.

Nice to meet you.
나이스　투　미츄

16

---

19. 잠시만 기다려주세요.

Just a moment, please.
저스터　모먼　플리즈

---

20. 앉아 주세요.

Sit down, please.
싯　다운　플리즈

입국할 때

01. 여행 목적은 무엇입니까?
What's the purpose of your visit?
왓츠　　　더　　　퍼포즈　　　어브　유어　　　비짓

02. 관광(비즈니스)입니다.
Sightseeing (business).
사잇싱　　　　　　(비즈니스)

03. 며칠(얼마) 동안 머물 예정입니까?
How long are you staying?
하우　　　롱　　　아　　유　　　스테잉

17

04. 약 2주간입니다.
About two weeks.
어바웃　　　투　　　윅스

05. 환전해 주십시오.
I want to change money.
아이　　원　　투　　　체인지　　　　머니

06. 달러(유로)로 바꿔주세요.
Change this into dollars (euro), please.
체인지　디스　인투　달러즈　(유로)　플리즈

07. 여행자 수표를 현금으로 바꿔 주십시오.
Cash a traveler's check, please.
캐쉬　어　트래블러즈　첵　플리즈

08. 잔돈으로 바꿔 주십시오.
Can you give me small change?
캔　유　기브　미　스몰　체인지

18

09. 관광 안내소는 어디에 있습니까?
Where is the tourist information?
웨어　이즈　더　투어리스트　인포메이션

10. 시내 지도가 있습니까?
Can you give me a city map?
캔　유　기브　미　어　시티　맵

11. ~에 가려면 어떻게 해야 합니까?

How can I get to~?
하우 캔 아이 켓 투~?

---

12. 시내로 가는 버스가 있습니까?

Is there an airport bus to the city?
이즈 데어 언 에어폿 버스 투 더 시티

---

13. 택시는 어디서 탑니까?

Where is a taxi stand?
웨어   이즈 어 택시   스탠드

19

---

14. ~호텔로 가 주십시오.

To ~ Hotel, please.
투~   호텔   플리즈

---

15. 얼마입니까?

How much is it?
하우   머치   이짓

16. (주소를 보여주며) 이곳으로 가주십시오.

This is where I want to go.

디스 이즈 웨어 아이 원 투 고

---

17. 신고해야 할 물건이 있습니까?

Do you have anything to declare?

두 유 해브 애니싱 투 디클레어

---

18. 수화물은 어디서 찾습니까?

Where is the baggage claim area?

웨어 이즈 더 배기지 클레임 에어리어

---

19. 친구들에게 줄 선물입니다.

These are gifts for my friends.

디즈 아 기프츠 포 마이 프렌즈

단어만 말해도 통한다

좌석번호	Seat number
	시트 넘버

수화물증	baggage tag
	배기지 택

승무원	flight attendant
	플라잇 어텐던트

입국심사	Immigration
	이미그레이션

여권	Passport
	패스포트

세관 신고서	Customs declaration
	커스텀즈 데클러레이션

수화물	Baggage
	배기지

통화신고	Currency declaration
	커런시 데클러레이션

단어만 말해도 통한다

환율	**Exchange rate** 익스체인지 레잇
바꾸다	**Change** 체인지
현금	**Cash** 캐쉬
잔돈	**small change** 스몰 체인지
환전소	**Money exchange** 머니 익스체인지
택시정거장	**Taxi stand** 택시 스탠드
공항버스	**Airport bus** 에어폿 버스
요금	**Fare** 페어

01. 하룻밤 숙박료가 얼마입니까?

How much is it per night?

하우 머치 이짓 퍼 나잇

---

02. 욕실(샤워실)이 달린 방으로 하고 싶습니다.

I'd like a room with bath (shower).

아이드 라이크 어 룸 위드 배스 (샤워)

---

03. 싱글 룸(트윈 룸)을 원합니다.

I'd like a single room (twin room).

아이드 라이크 어 싱글 룸 (트윈 룸)

23

---

04. 체크인 해 주십시오.

I want to check in.

아이 원투 체킨

---

05. 식당은 어디에 있습니까?

Where is the dining room?

웨어 이즈 더 다이닝 룸

06. 제게 온 우편물이 있습니까?

Is there any mail for me?
이즈 데어 애니 메일 포 미

---

07. 체크아웃 시간은 몇 시입니까?

When is check out time?
웬 이즈 체카웃 타임

---

08. 숙소를 하루 더 연장하고 싶습니다.

I want to stay one day longer.
아이 원 투 스테이 원 데이 롱거

24

---

09. 방에 놓고 온 물건이 있습니다.

I left something in my room.
아이레프트 섬싱 인 마이 룸

---

10. 식당은 몇 시에 엽니까?

What time does the dining room open?
왓 타임 더즈 더 다이닝 룸 오우픈

11. 오늘 밤(에) 호텔로 숙소를 예약하고 싶습니다.

I'd like to book a hotel room for
아이드 라이크 투　　북　어　호텔　　룸　　포

tonight.
투나잇

---

12. 너무 비싸지 않은 호텔을 찾고 있어요.

Can you recommend a hotel
캔　　유　　　레커멘더　　　　　호텔

which is not too expensive?
윗치　이즈　낫　투　　익스펜시브

25

---

13. 여기서 관광버스 표를 살 수 있습니까?

Can I get a ticket for the
캔　아이　겟　어　티킷　포　더

sightseeing bus here?
사잇싱　　　버스　　히어

단어만 말해도 통한다

예약	**Reservation** 레저베이션
1인실	**Single room** 싱글 룸
2인실	**Twin room** 트윈 룸
욕실이 있는	**With bath** 위드 배스
아침식사	**Breakfast** 브렉퍼스트
점심식사	**Lunch** 런치
저녁식사	**Dinner (supper)** 디너 (서퍼)
시가지 중심	**Downtown** 다운타운

단어만 말해도 통한다

해변가	**beach**
	비이취

1층	**First floor (ground floor)**
	퍼스트 플로어 (그라운드 플로어)

비상구	**Emergency**
	이머전시

식당	**Dining room**
	다이닝 룸

지배인	**Manager**
	매니저

영수증	**Receipt**
	리시트

화장실	**Toilet**
	토일렛

온수	**Hot water**
	핫 워터

단어만 말해도 통한다

시내통화	**Local call** 로컬 콜	
장거리 전화	**Long-distance call** 롱 디스턴스 콜	
전화요금	**Telephone charges** 텔레폰 차지스	
우편물	**Mail** 메일	
이발소	**Barber's shop** 바버스 숍	
미용실	**Beauty shop** 뷰티숍	
귀중품	**Valuables** 밸류어블즈	

01. 이 지방의 요리를 먹어보고 싶습니다.

I want to try the best local food.

아이 원 투 트라이 더 베스트 로컬 푸드

---

02. 저렴한 가격의 음식점을 소개 받고 싶습니다.

Someplace not too expensive.

섬플레이스 낫 투 익스펜시브

---

03. (식당주소를 가리키며) 그곳에 어떻게 가야 합니까?

How can I get there?

하우 캔 아이 겟 데어

29

---

04. 어느 정도 기다려야 합니까?

How long do we have to wait?

하우 롱 두 위 해브 투 웨잇

---

05. 몇 시까지 합니까?

How late are you open?

하우 레잇 아 유 오픈

06. 메뉴를 보여 주세요.

May I have a menu, please?

메이 아이 해브 어 메뉴 플리즈

---

07. 이 지역의 특산 요리는 무엇입니까?

Do you have typical local dishes?

두 유 해브 티피컬 로컬 디쉬즈

---

08. 저는 정식으로 하겠습니다.

I'll have the table d'hôte.

아윌 해브 더 테이블 도트

---

09. 이것과 같은 것으로 주세요.

I'll have this.

아윌 해브 디스

---

10. (고기는) 잘 (중간 정도/약간) 구워 주세요.

Well done (medium/rare), please.

웰 던 (미디엄/레어) 플리즈

11. 정말 맛있습니다.

This is very tasty.

디스 이즈 베리 테이스티

12. 계산 좀 부탁합니다.

Can I have the bill, please?

캔 아이 해브 더 빌 플리즈

13. 전부 얼마입니까?

How much is it altogether?

하우 머치 이짓 올투게더

14. 식당이 모여있는 곳은 어디입니까?

Where is the best restaurant

웨어 이즈 더 베스트 레스트런트

area?

에어리어

15. 이 음식점에서 가장 잘하는 요리는 무엇입니까?

What's the speciality of the
왓스　　　더　　　스페셜티　　어브　더

house?
하우스

---

16. 미네랄워터를 주십시오.

May I have a bottle of mineral
메이 아이　해버　　바틀　어브　미네럴

water?
워터

단어만 말해도 통한다

식당	**Restaurant** 레스트런트	
정식	**Table d'hôte** 테이블 도트	
일품요리	**A la carte** 알라카트	
훈제연어	**Smoked salmon** 스모크드 새먼	
달걀 마요네즈	**Egg mayonnaise** 에그 메이어네이즈	
치즈	**Cheese** 치즈	
닭고기 스프	**Chicken soup** 치킨 수웁	
야채스프	**Vegetable soup** 베지터블 수웁	

토마토 스프	Tomato soup 터마터우 수웊
참치	Tuna 튜너
새우	Shrimp 쉬림프
연어	Salmon 새먼
게	Crab 크랩
조개	clam 클램
송어	Trout 트라우트
쇠고기	Beef 비프

닭고기	**Chicken** 치킨
양고기	**Mutton** 머튼
돼지고기	**Pork** 포크
오리고기	**Duck** 덕
야채	**Vegetable** 베지터블
오이	**Cucumber** 큐컴버
호박	**Pumpkin** 펌킨
당근	**Carrot** 캐럿

단어만 말해도 통한다

시금치	**Spinach** 스피니치	
버섯	**Mushroom** 머쉬룸	
피망	**Green pepper** 그린 페퍼	
과일	**Fruit** 프룻	
사과	**Apple** 애플	
배	**Pear** 페어	
포도	**Grape** 그레이프	
수박	**Watermelon** 워터멜런	

단어만 말해도 통한다

딸기	**Strawberry** 스트로베리
구운	**Baked** 베이크트
끓인	**Boiled** 보일드
튀긴	**Fried** 프라이드
찐	**Steamed** 스팀드
훈제한	**Smoked** 스모크드
소금	**Salt** 솔트
설탕	**Sugar** 슈거

간장	**Soy sauce** 소이 소스	
식초	**Vinegar** 비니거	
후추	**Pepper** 페퍼	
음료	**Drinks** 드링크스	
홍차	**Tea** 티	
맥주	**Beer** 비어	
적포도주	**Red wine** 레드 와인	
브랜디	**Brandy** 브랜디	
생맥주	**Draft beer** 드래프트 비어	

교통

01. 철도역은 어떻게 가야 합니까?
Where is the railway station?
웨어   이즈 더   레일웨이   스테이션

02. 매표소는 어디입니까?
Where is the ticket office?
웨어   이즈 더   티킷   오피스

03. ~행 표를 주십시오.
Can I have a ticket to ~?
캔 아이 해버   티킷   투

39

04. 열차는 정각에 떠납니까?
Will the train leave on schedule?
월   더 트레인 리이브 온   스케줄

05. 얼마입니까?
How much is it?
하우   머치   이짓

06. 배는 어디에서 탑니까?

Where can I board the ship?

웨어　　캔 아이 보드　더　　쉽

---

07. 표는 어디에서 삽니까?

Where can I get a ticket?

웨어　　캔 아이 겟 어　티킷

---

08. 출항은 몇 시입니까?

What time does the ship leave?

왓　　타임　더즈　더　　쉽　　리이브

---

09. 차는 어디에서 빌릴 수 있습니까?

Where can I rent a car?

웨어　　캔 아이 렌터　　카

---

10. 기름을 꽉 채워 주세요.

Fill it up, please.

필　잇 업　　플리즈

11. 지하철 표는 어디에서 사야 합니까?

Where can I get a subway ticket?

웨어 캔 아이 겟 어 섭웨이 티킷

---

12. 택시 승강장은 어디입니까?

Where is the taxi stand?

웨어 이즈 더 택시 스탠드

---

13. ~로 가는 버스는 어느 것입니까?

Which bus goes to ~?

윗치 버스 고우즈 투~

41

---

14. 몇 시까지 버스가 운행하나요?

What time do buses stop running?

왓 타임 두 버시즈 스탑 러닝

15. 여기에서 가장 가까운 지하철역은 어디입니까?

Where is the nearest subway

웨어　이즈　더　니어리스트　섭웨이

station?

스테이션

---

16. 도착하면 알려주세요.

Could you tell me when we

쿠주　텔　미　웬　위

get there?

겟　데어

42

---

17. 이 장소에 가려면 어디에서 환승해야 합니까?

Where should I transfer to go to

웨어　슈드　아이　트랜스퍼　투 고 투

this place?

디스　플레이스

단어만 말해도 통한다

매표소	**Ticket office** 티킷 오피스	
안내소	**Information office** 인포메이션 오피스	
기차역	**Railroad station** 레일로드 스테이션	
입구	**Entrance** 엔트런스	
출구	**exit** 엑싯	
환승	**Transfer** 트렌스퍼	
표	**ticket** 티킷	
버스 정거장	**bus stop** 버스톱	

43

요금	**Fare** 페어
왕복표	**Round-trip ticket** 라운드 트립 티킷
편도표	**One-way ticket** 원 웨이 티킷
고속도로	**Expressway** 익스프레스웨이
좌측	**Left side** 레프트 사이드
우측	**Right side** 라잇 사이드
뒤쪽	**Behind** 비하인드
성인	**Adult** 어덜트
어린이	**Child** 차일드

01. 여기에서 걸어서 갈 수 있습니까?

Can I walk down there?

캔 아이 웍 다운 데어

02. 여기서 멉니까?

Is it far from here?

이짓 파 프롬 히어

03. 입장료는 얼마입니까?

How much is the entrance fee?

하우 머치 이즈 더 엔트런스 피

45

04. 이곳에 써 주시겠습니까?

Could you write it down here?

쿠주 라이팃 다운 히어

05. 버스로 갈 수 있습니까?

Can I go there by bus?

캔 아이고우 데어 바이 버스

06. 어떤 종류의 투어가 있습니까?

What kind of tours do you have?

왓　카인더브　투어스　두　유　해브

---

07. 식사는 포함되어 있습니까?

Are any meals included?

아　애니　미일스　인클루딧

---

08. 어디에서 출발합니까?

Where does it leave?

웨어　더짓　리이브

---

09. 몇 시에 출발합니까?

What time do you leave?

왓　타임　두　유　리이브

---

10. 몇 시경에 돌아옵니까?

What time do you come back?

왓　타임　두　유　컴　백

11. 요금은 얼마입니까?

How much is it?

하우　머치　이짓

---

12. 택시로 관광하고 싶습니다.

I'd like to go sightseeing by taxi.

아이드 라익 투 고　사잇싱　바이 택시

---

13. 감사합니다. 오늘 정말 즐거웠습니다.

Thank you. I had a great time.

땡　큐 아이 해더　그레잇　타임

47

---

14. 화장실은 어디에 있습니까?

Where is the restroom (toilet)?

웨어　이즈 더　레스트룸　(토일럿)

---

15. 사진을 찍어도 좋습니까?

May I take a picture?

메이 아이 테이커　픽쳐

16. ~는 어디에 있습니까?

Where is the ~?

웨어　이즈　더

17. 길을 잃어버렸습니다.

I'm lost.

아임　로스트

48

18. 제 사진을 찍어 주시겠습니까?

Can you take a picture of me?

캔　유　테이커　픽처　어브 미

19. 저와 함께 사진을 찍지 않겠습니까?

Would you mind posing with me?

우주　마인드　포우징　위드　미

20. 당신의 사진을 찍어도 괜찮겠습니까?

May I take your picture?

메이 아이 테이 큐어 픽처

관광

21. 사진을 보내겠습니다.

I'll send you the pictures.
아윌 샌드 유 더 픽쳐즈

22. 이 근처에 미술관이 있나요?

Is there any art museum near here?
이즈 데어 애니 아트 뮤지엄 니어 히어

23. 관광안내소는 어디입니까?

Where is the tourist information
웨어 이즈 더 투어리스트 인포메이션

office?
오피스

24. 경치가 좋은 곳은 어디입니까?

Where is the best place to enjoy
웨어 이즈 더 베스트 플레이스 투 인조이

a nice view?
어 나이스 뷰

49

25. 1일 (반나절) 코스가 있습니까?

Do you have a full day (half day)
두 유 해브 어 풀 데이 (하프데이)

tour?
투어

26. 인기 좋은 투어를 소개해 주십시오.

Could you recommend some
쿠주 레커멘드 섬

popular tours?
파퓰러 투어스

50

27. 몇 시까지 버스로 돌아와야 합니까?

By what time should I be back to
바이 왓 타임 숫 아이비 백 투

the bus?
더 버스

28. 실례합니다. ~로 가는 길을 가르쳐주세요.

Excuse me, could you tell me
익스큐즈　미　　쿠주　　텔 미

the way to the ~?
더　웨이　투　더

---

29. 지도로 길을 가르쳐 주십시오.

Could you show me the way on
쿠주　　쇼우　미　더　웨이　온

this map?
디스　맵

51

---

30. 주소를 이곳에 적어 주십시오.

Could you write down the
쿠주　　라잇　다운　디

address here?
어드레스　히어

단어만 말해도 통한다

관광	**Sightseeing** 사잇시잉
입장권	**Ticket** 티킷
유람선	**Sightseeing boat** 사잇시잉 보우트
안내원	**Guide** 가이드
명소	**Famous spots** 패이머스 스폿스
공원	**Park** 파크
미술관	**Art museum** 아트 뮤지엄
박물관	**Museum** 뮤지엄

단어만 말해도 통한다

시청	**City Hall** 시티 홀
궁전	**Palace** 팰리스
동물원	**Zoo** 쥬
식물원	**Botanical Garden** 보테니컬 가든
유원지	**Amusement park** 어뮤즈먼트 파크
극장	**Theatre** 띠어터
호수	**Lake** 레이크
강	**River** 리버

바다	Sea
	시

다리	Bridge
	브리지

항구	Harbor
	하버

전시회	Exhibition
	엑서비션

유적	Remains
	리메인즈

탑	Tower
	타워

시골	Countryside
	컨추리사이드

영화	Movie
	무비

단어만 말해도 통한다

사진	**Picture** 픽처
산	**Mountain** 마운튼
연주회	**Concert** 콘서트
축제	**Festival** 페스티벌
입장료	**Admission fee** 어드미션 피
우체국	**Post office** 포우스트 오피스
경찰서	**Police station** 폴리스 스테이션
도서관	**Library** 라이브러리

55

01. 면세점이 있습니까?

Is there a duty free shop?

이즈 데어 어 듀티 프리 숍

02. 잠깐 구경하고 있습니다. 감사합니다.

I am just looking.

아임 저스트 룩킹

03. 만져 봐도 되겠습니까?

Can I touch it a bit?

캔 아이 터치 잇 어빗

04. 입어 봐도 되겠습니까?

Can I try this on?

캔 아이 트라이 디스 온

05. 이걸로 주십시오.

I'll take this.

아윌 테익 디스

06. 선물용으로 포장해 주시겠습니까?

Can you wrap them separately?

캔　유　랩　뎀　세퍼레이틀리

---

07. 영수증도 함께 주십시오.

Can I have a receipt, please?

캔 아이　해버　리싯　플리즈

---

08. 가격을 조금 싸게 해줄 수 있습니까?

Can I get a little discount?

캔 아이 겟 어 리틀　디스카운트

---

09. 이것과 같은 물건이 있습니까?

Do you have one like this?

두　유　해브　원 라이크 디스

---

10. 얼마입니까?

How much is this?

하우　머치　이즈 디스

11. 이 근처에 쇼핑몰이 있습니까?

Is there a shopping mall around

이즈　데어　어　　　　쇼핑몰　　　　어라운드

here?

히어

12. 이곳의 특산물은 무엇입니까?

What is the specialty of this

왓　이즈　더　　스페셜티　　어브 디스

town?

타운

단어만 말해도 통한다

백화점	**Department store** 디파트먼트 스토어
슈퍼마켓	**Supermarket** 수퍼마켓
지갑	**Wallet** 월릿
안경	**Glasses** 글래시즈
남성복	**Men's clothes** 맨즈 클로우드스
여성복	**Ladies' wear** 레이디즈 웨어
아동복	**Children's clothing** 칠드런즈 클로우딩
유아복	**infant clothing** 인펀트 클로우딩

양말	**Socks** 삭스	
손수건	**Handkerchief** 행커치프	
장갑	**Gloves** 글러브즈	
스카프	**Scarf** 스카프	
모자	**Hat** 햇	
시계	**Watch** 워치	
반지	**Ring** 링	
귀걸이	**Earrings** 이어링즈	

브로치	**Brooch** 브로우치
보석	**Jewel** 쥬얼
금	**Gold** 고울드
은	**Silver** 실버
향수	**Perfume** 퍼퓸
비누	**Soap** 소웁
만년필	**Fountain pen** 파운튼 펜
연필	**Pencil** 펜슬

우산	**Umbrella** 엄브렐러
큰/작은	**Large / small** 라지 / 스몰
긴/짧은	**Long / short** 롱 / 쇼트
넓은/좁은	**Wide / narrow** 와이드 / 네로우
두꺼운 /얇은	**Thick / thin** 띡 / 띤
흑색	**Black** 블랙
흰색	**White** 화이트
빨강	**Red** 레드

파랑	**Blue** 블루
노랑	**Yellow** 옐로우
분홍	**Pink** 핑크
녹색	**Green** 그린
진녹색	**Dark green** 다크 그린
연녹색	**Light green** 라이트 그린
보라색	**Purple** 퍼플
회색	**Grey** 그레이

63

갈색	**Brown** 브라운
면	**Cotton** 카튼
마	**Linen** 리넨
견	**Silk** 실크
가죽	**Leather** 레더
모	**Wool** 울
구두가게	**Shoe shop** 슈 숍
서점	**Bookstore** 북스토어

보석가게	**Jeweller's** 쥬얼러즈
카메라 가게	**Camera shop** 캐머러 숍
식료품점	**Grocery shop** 그로우서리 숍
약국	**Pharmacy** 파머시
현금	**Cash** 캐쉬
여행자 수표	**Traveler's check** 트래블러즈 첵
면세	**duty-free** 듀티 프리
영수증	**Receipt** 리싯

비싼	**Expensive** 익스펜시브	
싼	**Cheap** 칩	
할인	**Discount** 디스카운트	
예산	**budget** 버짓	
탈의실	**fitting room** 피팅룸	
면세점	**Duty Free Shop** 듀티 프리 숍	

01. 어디서 제 휴대폰을 고칠 수 있을까요?

Where can I fix my mobile phone?

웨어　캔 아이픽스 마이　모바일　포운

---

02. 여보세요 ~입니까?

Hello, is this ~?

헬로우　이즈 디스~

---

03. ~씨를 부탁합니다.

May I speak to ~?

메이 아이　스픽　투~

---

04. 저는 ~입니다.

This is ~ speaking.

디스 이즈~　스피킹

---

05. 그가 언제쯤 돌아옵니까?

When will he be back?

웬　월 히비 백

06. 저에게 전화해 달라고 전해 주십시오.

Please tell him to call me back.

플리즈　텔　힘　투　콜　미　백

---

07. 와이파이에 연결할 수 있을까요?

Can I get a WiFi access?

캔 아이　겟　어 와이파이　억세스

---

08. 여기 와이파이 패스워드 좀 알려주시겠어요?

Can I have the WiFi password here?

캔 아이　해브　더 와이파이　패스워드　히어

---

09. 우체국은 어디에 있습니까?

Where is the post office?

웨어　이즈　더　포우스트　오피스

---

10. 그것을 속달로 보내주세요.

Can you send it express?

캔　유　샌드　잇　익스프레스

11. 추가 요금은 얼마입니까?

How much is the extra

하우　　머치　이즈　더　엑스트라

charge?

차지

---

12. 죄송합니다. 제가 전화를 잘못 걸었습니다.

I'm sorry, I have the wrong

아임　쏘리　아이　해브　더　　롱

number.

넘버

69

---

13. ~로 국제 전화를 걸고 싶습니다.

I'd like to make an international

아이드 라익 투　　메이컨　　　인터네셔널

call to ~

콜　투

14. 우체국은 몇 시에 엽니까? (닫습니까?)

What time does the post office
왓　　타임　　더즈　　더　포우스트　오피스

open (close)?
오우픈　　(클로우즈)

단어만 말해도 통한다

공중전화	**public phone** 퍼블릭폰	
우체국	**post office** 포우스트 오피스	
시내전화	**local call** 로우클 콜	
장거리 전화	**Long distance call** 롱 디스턴스 콜	
국제전화	**International call** 인터내셔널 콜	
소포	**Parcel** 파슬	
속달	**Express** 익스프레스	
주소	**Address** 어드레스	
취급주의	**Handle with care** 핸들 위드 캐어	

01. 여권을 잃어버렸습니다.
I lost my passport.
아이 로스트 마이 패스폿

02. 지갑을 도난당했습니다.
My purse was stolen.
마이 퍼스 워즈 스토울런

03. 경찰서는 어디에 있습니까?
Where is the police station?
웨어 이즈 더 폴리스 스테이션

72

04. 그것을 찾도록 도와주세요.
Could you help me to find it?
쿠주 유 헬프 미 투 파인 딧

05. (한국) 대사관은 어디에 있습니까?
Where is the (Korean) Embassy?
웨어 이즈 더 (커리언) 엠버시

06. 도와주세요(긴급상황).

Help me!

헬프 미

---

07. 도둑이야! 잡아라!

A robber! Catch him!

어 로버 켓치 힘

---

08. 교통사고가 났습니다.

A traffic accident happened.

어 트래픽 액시던트 해픈드

73

---

09. 병원으로 데려가 주십시오.

Could you take me to a hospital?

쿠주 테익 미 투 어 하스피틀

---

10. 경찰을 불러 주십시오.

Please call the police.

플리즈 콜 더 폴리스

11. 여기가 아픕니다.

I have a pain here.

아이 해브 어 페인 히어

---

12. 서둘러 주십시오.

Please hurry up!

플리즈 허리 업

---

13. 응급조치를 부탁합니다.

Please give me first aid.

플리즈 기브 미 퍼스트 에이드

---

14. 의사를 불러 주십시오.

Please call a doctor.

플리즈 콜 어 닥터

---

15. 열이 있습니다.

I have a fever.

아이 해브 어 피버

16. 현기증이 납니다.
I feel dizzy.
아이 필   디지

17. 감기에 걸린 것 같습니다.
I caught a cold.
아이   코트   어 콜드

18. 진단서를 주십시오.
Can I have a medical certificate?
캔 아이 해브   어   메디컬   서티피킷

19. 처방전을 적어 주십시오.
Can you give me a prescription?
캔   유   기브   미   어   프리스크립션

20. 저는 ~ 에 알레르기가 있습니다.
I am allergic to ~
아이 엠   얼러직   투~

21. 약을 주십시오.
May I have medicine?
메이 아이 해브 메디신

22. 약은 어떻게 먹습니까?
How should I take this?
하우 슈드 아이 테이크 디스

23. 이 처방전의 약을 주십시오.
Please fill this prescription.
플리즈 필 디스 프리스크립션

24. 언제쯤 연락받을 수 있습니까?
When can I have the
웬 캔 아이 해브 더

result?
리절트

25. 사고 증명서를 주십시오.

May I have a certificate of the

메이 아이 해브 어 서티피킷 어브 더

accident, please?

액시던트 플리즈

---

26. 배가 아픕니다. 약 좀 주십시오.

I have a stomachache. May I have

아이 해브 어 스타머케익 메이 아이 해브

some medicine?

섬 메디신

77

단어만 말해도 통한다

의사	**Doctor** 닥터	
약국	**Pharmacy** 파머시	
병원	**Hospital** 하스피틀	
처방전	**Prescription** 프리스크립션	
소화불량	**Indigestion** 인디제스천	
열	**Fever** 피버	
체온계	**Thermometer** 써모미터	
진통제	**painkiller** 페인 킬러	

귀국

01. ~행 비행기를 예약하고 싶습니다.

I want to book a flight to ~

아이 원 투 북 어 플라잇 투

---

02. 다음 ~행 비행기는 언제입니까?

When will the next flight leave for ~?

웬 윌 더 넥스트 플라잇 리이브 포

---

03. 그걸로 예약해 주십시오.

Please book it for me.

플리즈 부킷 잇 포 미

---

04. ~항공의 카운터는 어디입니까?

Where is the ~ Airlines counter?

웨어 이즈 더 ~ 에어라인즈 카운터

---

05. 체크인은 몇 시입니까?

What's the check-in time?

왓츠 더 체킨 타임

06. 몇 번 게이트입니까?

What's the gate number?

왓츠　　더　　게잇　　넘버

---

07. 등록 할 수하물이 없습니다.

I have no baggage to check.

아이　해브　노　　배기지　　투　　첵

80

08. 비행기 편명과 시간을 알려 주십시오.

What's the flight number and

왓츠　　더　　플라잇　　넘버　　앤드

departure time?

디파처　　　　타임

---

09. 초과 요금은 얼마입니까?

How much is the excess baggage

하우　　머치　이스 디　　익세스　　배기지

charge?

차지

단어만 말해도 통한다

항공권	**Airline ticket** 에얼라인 티킷	
탑승권	**Boarding pass** 보딩 패스	
공항	**Airport** 에어포트	
예약	**Booking** 부킹	
표	**Ticket** 티킷	
편명	**Flight number** 플라잇 넘버	
시간표	**Timetable** 타임 테이블	
목적지	**Destination** 데스티네이션	

독일

함부르크

하노버   베를린

•에센   •마그데부르크

프랑크푸르트

아우크스부르크 • 뮌헨

BAHNHOF

여행에서
필요한 표현

인사 표현

01. 안녕하십니까? (아침)
Guten Morgen?
구텐　　　모르겐

02. 안녕하십니까? (오후)
Guten Tag?
구텐　　　탁

03. 안녕하십니까? (저녁)
Guten Abend?
구텐　　　아벤트

85

04. 안녕히 계세요.
Auf Wiedersehen!
아우프　　　비더제엔

05. 안녕히 주무세요.
Gute Nacht.
구테　　　나흐트

06. 또 만납시다.

Auf Wiedersehen!
아우프   비더제엔

---

07. 감사합니다.

Danke schön.
당케   쇠엔

86

08. 아무것도 아니에요(천만에요).

Keine Ursache.
카이네   우어자헤

---

09. 실례합니다.

Entschuldigen Sie bitte.
엔트슐디겐   지   비테

---

10. 좋습니다.

Gut (Ok).
구트   (오케이)

11. 부탁합니다.
Bitte!
비테

12. 어떻게 지냈어요?
Wie geht es Ihnen?
비　게트　에스　이넨

13. 아니요.
Nein.
나인

87

14. 네.
Ja.
야

15. 이름은 무엇입니까?
Wie heißen Sie?
비　하이쎈　지

16. 저의 이름은 ~입니다.
Ich heiße ~.
이히 하이쎄

---

17. 만나게 되어 반갑습니다.
Es freut mich sehr Sie zu sehen.
에스 프로이트 미히 제어 지 추 제엔

---

18. 앉아 주세요.
Bitte nehmen Sie Platz.
비테 네멘 지 플라츠

88

---

19. 잠시만 기다려주세요.
Bitte warten Sie einen Augenblick.
비테 봐텐 지 아이넨 아우겐블릭

---

20. 죄송합니다.
Entschuldigen Sie bitte!
엔트슐디겐 지 비테

21. 즐거운 휴가 보내!

Schönen Urlaub!
쉬넨 우얼라웁

01. 여행 목적은 무엇입니까?

Was ist Ihr Zweck der Reise?
바스   이스트이어   츠베크   데어   라이제

---

02. 며칠(얼마) 동안 머물 예정입니까?

Wie lange bleiben Sie?
비   랑에   블라이벤   지

90

03. 약 2주간입니다.

Ungefähr zwei Wochen.
운게페어   츠바이   보헨

---

04. 신고해야 할 물건이 있습니까?

Haben Sie etwas zu deklarieren?
하벤   지   에트바스   추   데클라리어렌

---

05. 아니요. 없습니다.

Nein, (ich habe) nichts.
나인   (이히 하베)   니히츠

06. 수화물은 어디서 찾습니까?

Wo ist die Gepäckaufbewahrung?

보 이스트 디   게펙아우프베바룽

---

07. 친구들에게 줄 선물입니다.

Das sind Geschenke für Freunde.

디스   진트   게쉥케   퓌어   프로인데

---

08. 환전해 주십시오.

Bitte wechseln Sie mir.

비테   벡젤른   지   미어

91

---

09. 시내 지도가 있습니까?

Haben Sie einen Stadtplan?

하벤   지   아이넨   슈타트플란

---

10. (주소를 보여주며) 이곳으로 가주십시오.

Hier, bitte.

히어   비테

11. ~에 가려면 어떻게 해야 합니까?

Wie komme ich zum~?
비 콤메 이히 춤

---

12. 시내로 가는 버스가 있습니까?

Fährt ein Bus in die Stadt?
페어트 아인 부스 인 디 슈타트

---

13. 택시는 어디서 탑니까?

Wo ist der Taxistand?
보 이스트 데어 탁시슈탄트

---

14. ~호텔로 가 주십시오.

Zum Hotel~, bitte!
춤 호텔 비테

---

15. 얼마입니까?

Was macht das?
바스 마흐트 다스

16. 관광(비즈니스)입니다.

Ich bin Tourist
이히　빈　투어리스트

(auf Geschäftsreise).
(아우프 게쉐프츠라이제)

17. 유로로 바꿔 주세요.

Bitte wechseln Sie Won gegen
비테　　벡젤른　　지　원　　게겐

Euro.
오이로

93

18. 여행자 수표를 현금으로 바꿔 주십시오.

Bitte können Sie mir
비테　　퀸넨　　지　미어

Reiseschecks einlösen?
라이제쉐크스　　　아인뢰젠

19. 잔돈으로 바꿔 주십시오.

Ich möchte etwas Kleingeld
이히　　　뫼히테　　　에트바스　　　클라인겔트

haben.
하벤

20. 관광 안내소는 어디에 있습니까?

Wo ist das
보　이스트　다스

94

Fremdenverkehrsbüro?
프렘덴 페어 케르스뷔로

21. 이 짐을 택시(버스) 정거장까지 옮겨 주세요.

Bringen Sie bitte dieses Gepäck
브링엔　　　지　　비테　　디제스　　　게페크

zum Taxistand (zur Bushaltestelle).
춤　　　탁시슈탄드　　　（추어 부스할테슈텔레）

좌석번호	**Platznummer** f.
	플라츠눔머

수화물증	**Gepäckschein** m.
	게펙솨인

스튜어드	**Steward** m.
	스튜어드

잡지	**Zeitschrift** f.
	차이트슈리프트

신문	**Zeitung** f.
	차이퉁

여권	**Pass** m.
	파스

입국심사	**Immigration**
	이미그라치온

세관 신고서	**Zollerklärung** f.
	촐에어클레룽

수화물	Gepäck n.	게펙
수화물 취급소	Gepäckannahme.f	게펙안나메
통화신고	Devisenerklärung f.	데비젠에어클래룽
환율	Wechselkurs m.	벡젤쿠르스
바꾸다	Wechseln	벡셀른
잔돈	Kleingeld	클라인겔트
현금	Bargeld	바겔트
환전소	Geldwechseln m.	겔트백젤른

96

공항버스 **Zubringerbus m.**
추브링어부스

요금 **Fahrgeld n.**
파겔트

01. 하룻밤 숙박료가 얼마입니까?

Was kostet es für eine Nacht?

바스　코스테트　에스 퓌어　아이네　나흐트

---

02. 체크인 해 주십시오.

Ich möchte mich jetzt anmelden.

이히　뫼히테　미히　옛츠트　안멜덴

---

03. 식당은 어디에 있습니까?

Wo ist der Speisesaal?

보　이스트 데어　슈파이제잘

---

04. 식당은 몇 시에 엽니까?

Wann öffnet der Speisesaal?

반　외프넷　데어　슈파이제잘

---

05. 여기서 관광버스 표를 살 수 있습니까?

Kann ich hier Fahrkarten kaufen?

칸　이히　히어　파카르텐　카우펜

06. 제게 온 우편물이 있습니까?

Haben Sie Post für mich?

하벤　　지　포스트　퓌어　미히

---

07. 오늘 밤(에) 호텔로 숙소를 예약하고 싶습니다.

Ich möchte ein Hotelzimmer für

이히　뫼히테　아인　호텔침머　퓌어

heute Abend reservieren.

호이테　아벤트　레저비어렌

---

08. 너무 비싸지 않은 호텔을 찾고 있어요.

Können Sie mir bitte ein nicht zu

퀸넨　지　미어　비테　아인　니히트　추

teures Hotel empfehlen?

토이레스　호텔　엠펠렌

09. 욕실(샤워실)이 달린 방으로 하고 싶습니다.

Ich möchte ein Zimmer mit
이히　　뫼히테　　아인　　침머　　미트

Bad (Dusche).
바트　　　　(두쉐)

---

10. 싱글 룸(트윈 룸)을 원합니다.

Ich möchte ein Zimmer mit ein
이히　　뫼히테　　아인　　침머　　미트　아인

Bett (zwei Betten).
베트　　　　(츠바이 벳텐)

---

11. 신용카드(여행자 수표)도 사용할 수 있습니까?

Nehmen Sie Kreditkarten
네멘　　　지　　크레디트카르텐

(Reisechecks) an?
(라이제쉐크스)　　　안

12. 공항까지 택시로 몇 분 정도 걸립니까?

Wie lange braucht man mit dem
비　　　랑에　　브라우흐트　　만　　미트　　뎀

Taxi von hier zum Flugplatz?
탁시　　폰　　히어　　춤　　　플룩플라츠

---

13. 숙소를 하루 더 연장하고 싶습니다.

Ich möchte einen Tag länger
이히　　뫼히테　　아이넨　　탁　　　랭어

bleiben.
블라이벤

101

---

14. 이 짐을 로비까지 옮겨 주십시오.

Bringen Sie bitte mein Gepäck
브링엔　　지　　비테　　마인　　게팩크

zum Hotelempfang.
춤　　　호텔엠팡

예약	**Reservierung f.** 레저비어룽
1인실	**Einzelzimmer** 아인첼침머
2인실	**Doppelzimmer n.** 도펠침머
아동용 침대	**Kinderbett n.** 킨더베트
욕실이 있는	**mit Bad** 미트 바트
아침	**Frühstück n.** 프뤼슈틱
점심	**Mittagessen n.** 밋탁에센
저녁	**Abendessen n.** 아벤트에센

해변가	In der Nähe vom Meer 인 데어 네헤 폼 메어	
로비	Vorhalle f. 포어 할레	
1층	Erdgeschoß n. 에르트게쇼스	
2층	Erster Stock m. 에어스터 슈톡	
지하	Untergeschoß n. 운터게쇼스	
비상구	Notausgang m. 노트아우스강	
회계	Kasse f. 카쎄	
식당	Speiseraum m. 슈파이제라움	

단어만 말해도 통한다

지배인	**Direktor** m. 디렉토어	
영수증	**Quittung** f. 크비퉁	
화장실	**Toilette** f. 토알레테	
시내통화	**Ortsgespräch** n. 오어츠게슈프레히	
장거리통화	**Ferngespräch** 페언게슈프레히	
전화요금	**Telefongebühren** 텔레폰게뷔렌	
우편물	**Post** f. 포스트	
이발소	**Frisiersalon** m. 프리지어잘론	

미용실	**Damensalon m.** 다멘잘론
세금	**Steuer f.** 슈토이어
서비스료	**Bedienungsgeld n.** 베디눙스겔트
귀중품	**Wertsachen pl.** 베어트자헨

음식점

01. 몇 시까지 합니까?
Bis wann ist es geöffnet?
비스 반 이스트 에스 게외프넷

02. (식당주소를 가리키며) 그곳에 어떻게 가야 합니까?
Wie komme ich hin?
비 콤메 이히 힌

03. 메뉴를 보여 주세요.
Die Speisekarte, bitte.
디 슈파이제카르테 비테

106

04. 금방 요리되는 메뉴는 무엇입니까?
Was kann man sofort essen?
바스 칸 만 조포르트 에센

05. 저는 정식메뉴로 하겠습니다.
Ich nehme das Tagesgedeck.
이히 네메 다스 타게스게데크

06. 미네랄워터를 주십시오.

Eine Flasche Mineralwasser, bitte.
아이네 　 플라쉐 　 미네랄바써 　 비테

---

07. 정말 맛있습니다.

Es schmeckt mir sehr gut.
에스 　 쉬멕트 　 미어 　 제어 　 굿

---

08. 계산 좀 부탁합니다.

Die Rechnung, bitte.
디 　 레히눙 　 비테

---

09. 전부 얼마입니까?

Wieviel macht es zusammen?
비필 　 마흐트 　 에스 　 추잠멘

10. 이 근처에 있는 좋은 음식점(맛집)을 소개해 주세요.

Können Sie mir ein gutes
퀸넨　지　미어　아인　구테스

Restaurant in der Nähe empfehlen?
레스토랑　　인　데어　네헤　　엠펠렌

---

11. 이 지방의 명물 요리를 먹고 싶습니다.

Ich möchte Spezialitäten dieser
이히　뫼히테　슈페치알리태텐　디저

Gegend essen.
게겐트　　에센

---

12. 저렴한 가격의 음식점을 소개 받고 싶습니다.

Ein nicht zu teures Restaurant,
아인　니히트　추　토이레스　　레스토랑

bitte.
비테

13. 이 음식점에서 가장 잘하는 요리는 무엇입니까?

Was ist die Spezialität dieses

바스 이스트 디   슈페치알리태트   디제스

Restaurants?

레스토란츠

14. 신용카드도 사용할 수 있습니까?

Kann ich mit dieser Kreditkarte

칸   이히 미트   디저   크레디트카르테

bezahlen?

베찰렌

109

단어만 말해도 통한다

식당	Restaurant 레스토랑	
정식	Gedeck 게데크	
일품요리	à la carte 아 라 카르테	
새우 칵테일	Garnelencocktail m. 가넬렌 칵테일	
달걀 마요네즈	Eier mit Mayonnaise 아이어 미트 마요네제	
훈제연어	Räucherlachs m. 로이혀라흐스	
햄	Schinken m. 쉰켄	
소세지	Wurst f. 부르스트	

야채스프	**Gemüsesuppe** f. 게뮈제 주페
감자스프	**Kartoffelsuppe** f. 카토펠 주페
토마토 스프	**Tomatensuppe** f. 토마텐 주페
생선스프	**Fischsuppe** f. 피쉬 주페
게	**Krabbe** f. 크라베
굴	**Auster** f. 아우스터
오징어	**Tintenfisch** m. 틴텐피쉬
참치	**Thunfisch** m. 툰피쉬

바닷가재	**Hummer m.**
	훔머

쇠고기	**Rindfleisch n.**
	린트플라이쉬

돼지고기	**Schweinefleisch n.**
	쉬바이네플라이쉬

닭고기	**Hühnerfleisch n.**
	휘너플라이쉬

양고기	**Hammelfleisch n.**
	함멜플라이쉬

오이	**Gurke f.**
	구르케

감자	**Kartoffeln pl.**
	카토펠른

호박	**Kürbis m.**
	퀴르비스

당근	Mohrrübe f. 모뤼베
버섯	Pilz m. 필츠
시금치	Spinat m. 슈피나트
양파	Zwiebel f. 츠비벨
고추	Roter Pfeffer.m 로터 페퍼
토마토	Tomate f. 토마테
사과	Apfel m. 압펠
딸기	Erdbeere f. 에어트베레

포도	Trauben pl. 트라우벤
수박	Wassermelone f. 바서멜로네
복숭아	Pfirsich m. 피르지히
튀긴	ausgebacken 아우스게박켄
찐	gedämpft 게댐프트
끓인	gekocht 게코흐트
구운	gebacken 게박켄
훈제한	geräuchert 게로이혀트

114

단어만 말해도 통한다

소금	**Salz** 잘츠	
간장	**Sojasoße** 소야조쎄	
식초	**Essig m.** 에씩	
설탕	**Zucker m.** 축커	
커피	**Kaffee m.** 카페	
홍차	**Tee m.** 테	
우유	**Milch f.** 밀히	
사이다	**Limonade f.** 리모나데	

단어만 말해도 통한다

맥주	**Bier n.** 비어
생맥주	**Fassbier n.** 파스비어
와인	**Wein m.** 바인
브랜디	**Branntwein m.** 브란트바인
과일쥬스	**Fruchtsaft m.** 프루흐트자프트
케이크	**Kuchen m.** 쿠헨

교통

01. 철도역은 어떻게 가야 합니까?

Wie komme ich zum Bahnhof?

비 　 콤메 　 이히 　 춤 　 반호프

02. ~행 표를 주십시오.

Eine Fahrkarte nach~, bitte.

아이네 　 파카르테 　 나흐 　 비테

03. 배는 어디에서 탑니까?

Wo ist der Anlegeplatz?

보 　 이스트 데어 　 안레게플라츠

117

04. 다음 정거장은 어디입니까?

Wie heißt der nächste Bahnhof?

비 　 하이스토 데어 　 낵스테 　 반호프

05. 얼마입니까?

Wieviel kostet es?

비필 　 코스테트 에스

06. 승선 시각은 몇 시입니까?

Wann kann man an Bord gehen?
반　　칸　　만　　안　보르트　게엔

---

07. 택시 승강장은 어디입니까?

Wo ist der Taxistand?
보　이스트 데어　　탁시슈탄트

---

08. ~로 가는 버스는 어느 것입니까?

Welcher Bus fährt nach~?
벨혀　　　부스　페어트　나흐

---

09. 표는 어디에서 삽니까?

Wo kann man Fahrkarten kaufen?
보　　칸　　만　　파카르텐　　　카우펜

---

10. 출발 시간은 몇 시입니까?

Um wieviel Uhr fährt der Bus ab?
움　　비필　　우어　페어트　데어　부스　압

11. 매표소는 어디입니까?

Wo kann man eine Fahrkarte
보 칸 만 아이네 파카르테

kaufen?
카우펜

---

12. 도착하면 알려주세요.

Bitte sagen Sie mir Bescheid,
비테 자겐 지 미어 베솨이트

wenn wir dort ankommen.
벤 비어 도어트 안콤멘

---

13. ~의 관광선에는 어떤 것들이 있습니까?

Was für Möglichkeiten gibt es für
바스 퓌어 뫼글리히카이텐 깁트 에스 퓌어

die Dampferfahrt?
디 담퍼파어트

14. 여기에서 가장 가까운 지하철역은 어디입니까?

Wo ist die nächste U-Bahnstation
보 이스트 디   네히스테   우반슈타치온

von hier?
폰   히어

---

15. 지하철 표는 어디에서 사야 합니까?

Wo kann ich eine
보   칸   이히 아이네

U-Bahnfahrkarte kaufen?
우반파카르테   카우펜

단어만 말해도 통한다

안내소	**Verkehrsamt** n.
	페어케어스암트

역	**Bahnhof** m.
	반호프

개찰구	**Sperre** f.
	슈페레

입구	**Eingang** m.
	아인강

출구	**Ausgang** m.
	아우스강

환승	**Umsteigen** n.
	움슈타이겐

표	**Fahrkarte** f.
	파르카르테

버스 정거장	**Bushaltestelle** f.
	부스할트슈텔레

요금	Fahrpreis m.
	파르프라이스
편도	einfache Fahrkarte f.
	마인파헤 파르카르테
왕복	Rückfahrkarte f.
	뤽파르카르테
좌측	links
	링크스
우측	rechts
	레히츠
맞은편	andere Seite
	안더레 자이테
뒤쪽	hinten
	힌텐
거스름돈	Kleingeld n.
	클라인겔트

성인	**Erwachsene m/f** 에어바흐제네	
어린이	**Kind n.** 킨트	

123

01. 저는 ~을 보고 싶습니다.

Ich möchte~sehen.

이히 뫼히테 제엔

---

02. 여기에서 걸어서 갈 수 있습니까?

Kann ich dorthin zu Fuß gehen?

칸 이히 도어트힌 추 푸쓰 게헨

124

03. 여기서 멉니까?

Ist das weit von hier?

이스트 다스 바이트 폰 히어

---

04. 입장료는 얼마입니까?

Was kostet der Eintritt?

바스 코스테트 데어 아인트리트

---

05. 식사는 포함되어 있습니까?

Ist das Essen inbegriffen?

이스트다스 에센 인베그리펜

06. 어디에서 출발합니까?

Wo fahren wir ab?

보　　　파렌　　비어　압

07. 몇 시에 출발합니까?

Wann ist die Abfahrtszeit?

반　　이스트 디　　　압파르츠차이트

08. 투어는 몇 시에 끝나요?

Wann kommen wir zurück?

반　　　　콤멘　　　비어　추뤼크

125

09. 요금은 얼마입니까?

Was kostet die Tour?

바스　　코스테트　디　　투어

10. 화장실은 어디에 있습니까?

Wo ist die Toilette?

보　이스트 디　　　토알레테

11. 기념품 가게는 어디에 있습니까?
Wo ist der Souvenirladen?
보 이스트 데어 주베니어라덴

12. 감사합니다. 오늘 정말 즐거웠습니다.
Danke schön, es war sehr schön heute.
당케 쇠엔 에스 바 제어 쇠엔 호이테

13. ~는 어디에 있습니까?
Wo ist~?
보 이스트

14. 길을 잃어버렸습니다.
Ich habe mich verlaufen.
이히 하베 미히 페어라우펜

15. 사진을 보내겠습니다.
Ich schicke Ihnen das Foto.
이히 쉬케 이넨 다스 포토

16. 관광 안내소는 어디에 있습니까?

Wo ist das
보   이스트 다스

Fremdenverkehrsbüro?
프렘덴 페어케어스뷔로

---

17. 경치가 좋은 곳은 어디입니까?

Wo kann man die schönste
보   칸   만   디   쇤스테

Aussicht genießen?
아우스시히트   게니쎈

---

18. 버스로 갈 수 있습니까?

Kann ich dorthin mit dem Bus
칸   이히   도르트힌   미트   뎀   부스

fahren?
파렌

19. 여기에서 가장 가까운 지하철 역은 어디입니까?

Wo ist die näheste
보 이스트 디   네헤스테

U-Bahnstation?
우반슈타치온

20. 어떤 종류의 투어가 있습니까?

Was für Besichtigungstouren
바스   칸   베지히티궁스투어렌

gibt es?
깁트 에스

21. 1일 (반나절) 코스가 있습니까?

Gibt es eine
깁트 에스 아이네

Tagestour(Halbtagstour)?
타게스투어(할브탁스투어)

22. 인기 좋은 투어를 소개해 주십시오.

Können Sie mir eine beliebte Tour

쾨에넨 　 지 　 미어 　 아이네 　 벨립테 　 투어

empfehlen?

엠펠렌

---

23. 택시로 관광하고 싶습니다.

Ich möchte mit dem Taxi eine

이히 　 뫼히테 　 미트 　 뎀 　 탁시 　 아이네

Rundfahrt machen.

룬트파르트 　 　 　 마헨

129

---

24. 몇 시까지 버스로 돌아와야 합니까?

Um wieviel Uhr müssen wir

움 　 비필 　 우어 　 뮈쎈 　 비어

zurück im Bus sein?

추뤼크 　 임 　 부스 　 자인

25. 이 지도를 보고 길을 알려주시겠습니까?

Können Sie mir den Weg auf
쾨엔넨   지   미어   덴   베그   아우프

dieser Landkarte zeigen?
디저   란트카르테   차이겐

---

26. 제 사진을 찍어 주시겠습니까?

Können Sie bitte eine Aufnahme
쾨엔넨   지   비테   아이네   아우프나메

von mir machen?
폰   미어   마헨

130

27. 저와 함께 사진을 찍지 않겠습니까?

Würden Sie sich bitte mit mir
뷔르덴   지   지히   비테   미트   미어

fotografieren lassen?
포토그라피어렌   라쎈

28. 이곳에 주소를 적어 주십시오.

Bitte schreiben Sie hier Ihre
비테 슈라이벤 지 히어 이레

Adresse auf.
아드레세 아우프

131

관광	**Besichtigung f.** 베지히티궁
입장권	**Ticket n.** 티케트
유람선	**Ausflugsschiff n.** 아우스플룩스쉬프
안내원	**Führer n.** 퓌러
명소	**berühmte Orte f.** 베륌테 오르테
공원	**Park m.** 파르크
식물원	**Botanischer Garten m.** 보타니셔 가르텐
동물원	**Zoo m.** 초

132

유원지	**Rummelplatz** m. 룸멜플라츠	
시청	**Rathaus** n. 라트하우스	
극장	**Theater** n. 테아터	
영화	**Film** m. 필름	
호수	**See** m. 제	
강	**Fluss** m. 플루스	
바다	**Meer** n. 메어	
항구	**Hafen** m. 하펜	

133

| 전람회 | **Kunstaustellung f.** |
| | 쿤스트아우스텔룽 |

| 시골 | **Land n.** |
| | 란트 |

| 사진 | **Foto m.** |
| | 포토 |

| 산 | **Berg m.** |
| | 베르크 |

| 연주회 | **Konzert n.** |
| | 콘체르트 |

| 축제 | **Fest n.** |
| | 페스트 |

| 입장료 | **Eintrittsgeld n.** |
| | 아인트리츠겔트 |

| 우체국 | **Postamt n.** |
| | 포스탐트 |

경찰서 **Polizeiamt** n.
폴리차이암트

도서관 **Bibliothek** f.
비블리오텍

01. 면세점이 있습니까?

Gibt es ein zollfreies Geschäft?
깁트　에스 아인　촐프라이에스　　게쉐프트

---

02. 만져 봐도 되겠습니까?

Kann ich dieses berühren?
칸　　이히　디제스　　베뤼렌

136

03. 입어 봐도 되겠습니까?

Kann ich es anprobieren?
칸　　이히 에스　안프로비어렌

---

04. 이걸로 주십시오.

Ich nehme das.
이히　　네메　다스

---

05. 얼마입니까?

Was kostet das?
바스　코스테트　다스

06. 영수증도 함께 주십시오.

Kann ich eine Quittung haben?
칸　　이히　아이네　　크비퉁　　　하벤

---

07. 이 근처에 백화점이 있습니까?

Gibt es hier in der Nähe ein
깁트　에스　히어　인　데어　　내에　　아인

Kaufhaus?
카우프하우스

---

08. 이곳의 특산물은 무엇입니까?

Was sind die Hauptprodukte
바스　　진트　　디　　　하우프트프로둑테

dieser Stadt?
디저　　　슈타트

09. 잠깐 구경하고 있습니다. 감사합니다.

Ich möchte mich nur umschauen.
이히　뫼히테　미히　누어　움샤우엔

Danke schön.
당케　쇠엔

---

10. 이것과 같은 물건이 있습니까?

Haben Sie etwas Ähnliches wie
하벤　지　에트바스　앤리헤스　비

das?
다스

---

11. 선물용으로 포장해 주시겠습니까?

Können Sie es bitte als
쾨엔넨　지　에스　비테　알스

Geschenk verpacken?
게쉥크　페어파켄

12. 가격을 조금 싸게 해줄 수 있습니까?

Kann ich es ein bisschen billiger

칸 　 이히 에스 아인 　 비스헨 　 빌리거

kaufen?

카우펜

139

백화점	**Kaufhaus n.** 카우프하우스	
지갑	**Geldbeutel m.** 겔트보이텔	
안경	**Brille f.** 브릴레	
남성복	**Herrenkleider** 헤렌 클라이더	
여성복	**Damenkleider** 다멘 클라이더	
아동복	**Kinderbekleidung f.** 킨더베클라이둥	
유아복	**Babykleidung f.** 베비클라이둥	
양말	**Strumpf m.** 슈트룸프	

140

손수건	**Taschentuch n.** 타쉔투흐
스카프	**Halstuch n.** 할스투흐
장갑	**Handschuhe pl.** 한트슈에
모자	**Hut m.** 훗
시계	**Armbanduhr f.** 아름반트우어
반지	**Ring m.** 링
귀걸이	**Ohrring m.** 오어링
브로치	**Brosche f.** 브로쉐

보석	Juwelen m. 유벨렌	
금	Gold n. 골트	
은	Silber n. 질버	
향수	Parfüm n. 파르퓜	
비누	Seife f. 자이페	
만년필	Füllfeder f. 퓔페더	
연필	Bleistift m. 블라이슈티프트	
우산	Regenschirm m. 레겐쉬름	

큰/작은	**groß / klein** 그로스 / 클라인
긴/짧은	**lang / kurz** 랑 / 쿠르츠
넓은/좁은	**weit / schmal** 바이트 / 슈말
두꺼운 얇은	**dick / dünn** 디크 / 뒨
흑색	**schwarz** 슈바르츠
흰색	**weiß** 바이스
빨강	**rot** 로트
파랑	**blau** 블라우

단어만 말해도 통한다

노랑	**gelb** 겔프
핑크	**rosa** 로자
녹색	**grün** 그륀
보라색	**violett** 비올레트
회색	**grau** 그라우
갈색	**braun** 브라운
마	**Leinen n.** 라이넨
면	**Baumwolle f.** 바움 볼레

견	Seide f. 자이데
모	Wolle f. 볼레
가죽	Leder n. 레더
구두가게	Schuhgeschäft n. 슈게쉐프트
서점	Buchladen m. 부흐라덴
식료품점	Lebensmittelgeschäft n. 레벤스미텔게쉐프트
약국	Apotheke f. 아포테케
현금	Bargeld n. 바겔트

145

단어만 말해도 통한다

여행자 수표	Reisescheck f. 라이제쉐크
싼/비싼	billig / teuer 빌리히 / 토이어
할인	Rabatt m. 라바트

146

01. 공중전화는 어디에 있습니까?

Wo ist eine Telefonzelle?

보 이스트 아이네 텔레폰첼레

---

02. 여보세요, ~입니다.

Hallo, spreche ich mit ~?

할로 슈프레헤 이히 미트

---

03. ~씨와 이야기 하고 싶습니다.

Ich möchte mit~sprechen.

이히 뫼히테 미트 슈프레헨

147

---

04. 언제쯤 돌아옵니까?

Wann kommt sie zurück?

반 콤트 지 추뤼크

---

05. 저는 ~입니다.

Hier spricht ~.

히어 슈프리히트

06. ~로 국제 전화를 걸고 싶습니다.

Ich möchte nach~telefonieren.
이히 뫼히테 나흐 텔레포니어렌

---

07. 요금은 제가 지불하겠습니다.

Ich bezahle selbst.
이히 베찰레 젤프스트

148

08. 우체국은 어디에 있습니까?

Wo ist das Postamt?
보 이스트 다스 포스탐트

---

09. 그것을 속달로 보내주세요.

Mit Eilpost, bitte.
미트 아일포스트 비테

10. 저에게 전화해 달라고 전해 주십시오.

Bitte sagen Sie ihr, sie möge
비테 자겐 지 이어 지 뫼게

mich anrufen.
미히 안루펜

---

11. 수신자 부담으로 ~에 전화를 걸고 싶습니다.

Ich möchte ein R-Gespräch
이히 뫼히테 아인 에르게슈프레히

nach~machen.
나흐 마헨

149

---

12. 우체국은 몇 시에 엽니까? (닫습니까?)

Wann wird das Postamt geöffnet
반 비르트 다스 포스탐트 게외프넷

(geschlossen)?
(게슐로쎈)

단어만 말해도 통한다

공중전화	**Telefonzelle f.** 텔레폰첼레
우체국	**Postamt n.** 포스탐트
시내전화	**Ortsgespräch n.** 오어츠게슈프레히
국제전화	**Auslandsgespräch n.** 아우스란츠게슈프레히
소포	**Paket n.** 파케트
속달	**Eilpost n.** 아일포스트
주소	**Adresse f.** 아드레세
우표	**Briefmarke f.** 브리프마르케
취급주의	**Vorsichtige Handhabung** 포어지히티게 한트하붕

150

사건 사고

01. 여권을 잃어버렸습니다.
Ich habe meinen Pass verloren.
이히   하베   마이넨   파스   페어로렌

02. 경찰서는 어디에 있습니까?
Wo ist das Polizeiamt?
보   이스트 다스   폴리차이암트

03. 교통사고가 났습니다.
Es gab einen Verkehrsunfall.
에스   갑   아이넨   페어케어스운팔

151

04. 경찰을 불러 주십시오.
Bitte rufen Sie die Polizei.
비테   루펜   지   디   폴리차이

05. 도와주세요.
Hilfe!
힐페

06. 여기가 아픕니다.

Ich habe Schmerzen hier.

이히　　하베　　　슈메르첸　　　히어

---

07. 의사를 불러 주십시오.

Rufen Sie bitte einen Arzt.

루펜　　　지　　비테　　아이넨　아르츠트

---

08. 열이 있습니다.

Ich habe Fieber.

이히　　하베　　　피버

---

09. 감기에 걸린 것 같습니다.

Ich habe mich erkältet.

이히　　하베　　　미히　　에르캘테트

---

10. 약은 어떻게 먹습니까?

Wie soll ich es einnehmen?

비　　　졸　이히 에스　　아인네멘

11. 지갑을 도난당했습니다.

Man hat mir meinen Geldbeutel

만 핫 미어 마이넨 겔트보이텔

gestohlen.

게슈톨렌

---

12. 그것을 찾도록 도와주세요.

Könnten Sie mir helfen, sie

쾨엔텐 지 미어 헬펜 지

wiederzufinden?

비더추핀덴

---

13. 언제쯤 연락받을 수 있습니까?

Wann kann ich von Ihnen

반 칸 이히 폰 이넨

Bescheid haben?

베샤이트 하벤

14. 사고 증명서를 주십시오.

Geben Sie mir bitte eine
게벤　　지　미어　비테　아이네

Unfallbescheinigung.
운팔베샤이니궁

---

15. 병원으로 데려가 주십시오.

Bitte bringen Sie mich ins
비테　　브링엔　　지　　미히　　인스

Krankenhaus!
크랑켄하우스

---

16. 진단서를 주십시오.

Kann ich ein ärztliches Zeugnis
칸　이히　아인　아르츠트리헤스　초이그니스

haben?
하벤

이 처방전의 약을 주십시오.

Können Sie mir bitte diese Arznei
쾨엔넨   지   미어   비테   디제   아르츠나이

zubereiten?
추베라이텐

병원	**Krankenhaus m.** 크랑켄 하우스
의사	**Arzt m.** 아르츠트
처방전	**Rezept n.** 레쳅트
약국	**Apotheke f.** 아포테케
열	**Fieber n.** 피버
체온계	**Fieberthermometer** 피버 테어모메터

156

귀국

01. 다음 ~행 비행기는 언제입니까?

Wann ist der nächste Flug nach~?

반　　이스트 데어　　네히스테　　플룩　　나흐

---

02. ~항공의 카운터는 어디입니까?

Wo ist der Schalter von~?

보　이스트 데어　　샬터　　폰

---

03. 체크인은 몇 시입니까?

Wann kann ich einchecken?

반　　　칸　　이히　　아인체켄

---

04. 몇 시부터 탑승이 시작됩니까?

Wann kann ich an Bord gehen?

반　　　칸　　이히　안　보르트　　게엔

05. 몇 번 게이트입니까?

Wie ist die Flugsteignummer?

비 이스트 디 플룩슈타이크눔머

---

06. 등록 할 수하물이 없습니다.

Ich habe kein Gepäck aufzugeben.

이히 하베 카인 게팩크 아우프추게벤

---

07. ~행 비행기를 예약하고 싶습니다.

Ich möchte einen Flug

이히 뫼히테 아이넨 플룩

nach~reservieren.

나흐 레저비어렌

---

08. 그걸로 예약해 주십시오.

Können Sie bitte einen Platz

쾨엔텐 지 비테 아이넨 플라츠

reservieren.

레저비어렌

09. 비행기 편명과 시간을 알려 주십시오.

Wie ist die Flugnummer und die
비 이스트 디 플룩눔머 운트 디

Abflugzeit?
압플룩차이트

159

공항	**Flughafen** 플룩하펜
항공권	**Flugschein m.** 플룩샤인
탑승권	**Bordkarte f.** 보르트카르테
예약	**Reservierung f.** 레저비어룽
표	**Fahrkarte f.** 파르카르테
편명	**Flugnummer f.** 플룩눔머
시각표	**Fahrplan n.** 파르플란
목적지	**Reiseziel n.** 라이제칠

memo

161

스페인

라코루냐

바야돌리드

바르셀로나

마드리드

발렌시아

세비야

그라나다

여행에서
필요한 표현

인사 표현

01. 안녕하십니까? (아침)

Buenos días.

부에노스　　디아스

02. 안녕하십니까? (오후)

Buenas tardes.

부에나스　　따르데스

03. 안녕하십니까? (저녁)

Buenas noches.

부에나스　　노체스

165

04. 안녕히 계세요.

Adiós.

이디오스

05. 안녕히 주무세요.

Buenas noches.

부에나스　　노체스

06. 또 만납시다.
¡Hasta luego!
아스따   루에고

07. 감사합니다.
Muchas gracias.
무차스   그라시아스

166

08. 아무것도 아니에요(천만에요).
No hay de qué.
노 아이 데 께

09. 실례합니다.
Perdón.
뻬르돈

10. 좋습니다.
Muy bien.
무이   비엔

11. 만나게 되어 반갑습니다.

Mucho gusto.
무초　　　구스또

---

12. 네.

Sí.
시

---

13. 아니요.

No.
노

---

14. 이름은 무엇입니까?

¿Cómo se llama usted?
꼬모　　세　야마　　우스뗏

---

15. 부탁합니다.

¡Por favor!
뽀르　파보르

16. 앉아 주세요.
Siéntese, por favor.
시엔떼세　　뽀르　파보르

---

17. 죄송합니다.
Lo siento.
로　　시엔또

01. 여행 목적은 무엇입니까?

¿Cuál es el motivo de su viaje?

꾸알　에스 엘　모띠보　데　수　비아헤

---

02. 관광(비즈니스)입니다.

Turismo (viaje de negocios).

뚜리스모　　비아헤　데　　네고시오스

---

03. 약 2주간입니다.

Unas dos semanas.

우나스　　도스　　세마나스

169

---

04. 신고해야 할 물건이 있습니까?

¿Tiene algo que declarar?

띠에네　　알고　　께　　데끌라라르

---

05. 아니요. 없습니다.

No, nada.

노　　나다

06. 환전하고 싶습니다.
Quiero cambiar dinero.
끼에로   깜비아르   디네로

07. 여행자 수표를 현금으로 바꿔 주십시오.
Cambie esto en efectivo.
깜비에   에스또   엔   에펙띠보

08. 잔돈으로 바꿔 주십시오.
Cambie esto en sueltos.
깜비에   에스또   엔   수엘또스

09. ~에 가려면 어떻게 해야 합니까?
¿Cómo puedo ir a~?
꼬모   뿌에도   이르아

10. 택시는 어디서 탑니까?
¿Dónde está la parada de taxis?
돈데   에스따 라   빠라다   데   딱시스

11. ~호텔로 가 주십시오.

Al Hotel ~

알　오뗄~

---

12. (주소를 보여주며) 이곳으로 가주십시오.

A este lugar, por favor.

아 에스떼　루가르　뽀르　파보르

---

13. 얼마입니까?

¿Cuánto cuesta?

꾸안또　　　　꾸에스따

171

---

14. 며칠(얼마) 동안 머물 예정입니까?

¿Cuánto tiempo va a

꾸안또　　　　띠엠뽀　　바　아

quedarse?

께다르세

15. 수화물은 어디서 찾습니까?
¿Dónde recojo mis maletas?
돈데   레꼬호   미스   말레따스

---

16. 친구들에게 줄 선물입니다.
Estos son regalos para mis
에스또스   손   레갈로스   빠라   미스

amigos.
아미고스

---

17. 관광 안내소는 어디에 있습니까?
¿Dónde está la oficina de
돈데   에스따 라   오피시나   데

turismo?
뚜리스모

단어만 말해도 통한다

여권	**pasaporte** 빠사뽀르떼
입국심사	**inmigración** 인미그라시온
수화물증	**boleto de equipaje** 볼레또 데 에끼빠헤
승무원	**azafato**(남성) / **azafata**(여성) 아싸파또 / 아싸파따
신문	**periódico** 뻬리오디꼬
세관 신고서	**declaración de aduanas** 데끌라라시온 데 아두아나스
수화물	**equipaje** 에끼빠헤
수화물 취급소	**Oficina de equipajes** 오피시나 데 에끼빠헤스

173

단어만 말해도 통한다

통화신고	**declaración de moneda** 데끌라라시온 데 모네다
환율	**tipo de cambio** 띠뽀 데 깜비오
현금	**efectivo** 에펙띠보
잔돈	**dinero suelto** 디네로 수엘또
환전소	**casa de cambio** 까사 데 깜비오
공항버스	**autobuses de aeropuerto** 아우또부세스 데 아에로뿌에로또
요금	**precio** 쁘레시오

호텔

01. 하룻밤 숙박료가 얼마입니까?

¿Cuánto cuesta por noche?

꾸안또　　꾸에스따　　뽀르　　노체

02. 제게 온 우편물이 있습니까?

¿Me han llegado las cartas?

메　　안　　예가도　　라스　　까르따스

03. 호텔 내 식당은 어디에 있습니까?

¿Dónde está el restaurante?

돈데　　에스따　엘　　레스따우란떼

175

04. 호텔 내 식당은 몇 시에 엽니까?

¿A qué hora se abre el restaurante?

아　께　　오라　세　아브레　엘　　레스따우란떼

05. 체크인 해 주십시오.

Quisiera hacer el check in.

끼시에라　　아세르　엘　　체낀

06. 숙소를 하루 더 연장하고 싶습니다.

Quisiera estar aquí un día
끼시에라　　에스따르　아끼　운　디아

más.
마스

---

07. 오늘 밤(에) 호텔로 숙소를 예약하고 싶습니다.

Quiero reservar un hotel para
끼에로　　레세르바르　　운　오뗄　　빠라

esta noche.
에스따　　노체

---

08. 너무 비싸지 않은 호텔을 찾고 있어요.

¿Podría indicarme algún hotel que
뽀드리아　　인디까르메　　알군　오뗄　　께

no sea muy caro?
노　세아　무이　　까로

09. 욕실(샤워실)이 달린 방으로 하고 싶습니다.

Quiero una habitación con
끼에로 우나 아비따시온 꼰

baño (ducha).
바뇨 (두차)

10. 싱글 룸(트윈 룸)을 원합니다.

Quiero una habitación individual
끼에로 우나 아비따시온 인디비두알

(doble).
도블레

11. 여기서 관광버스 표를 살 수 있습니까?

¿Aquí se puede comprar los billetes
아끼 세 뿌에데 꼼쁘라르 로스 비에떼스

de buses de turismo?
데 부세스 데 뚜리스모

12. 공항까지 택시로 몇 분 정도 걸립니까?

¿Cuánto se demora hasta el

꾸안또　　세　　데모라　　아스따　엘

aeropuerto en taxi?

아에로뿌에르또　　엔　딱시

178

13. 이 짐을 로비까지 옮겨 주십시오.

¿Puede llevar este equipaje

뿌에데　　예바르　　에스떼　　에끼빠헤

hasta la recepción?

아스따　라　　레셉시온

---

14. 와이파이 패스워드가 무엇입니까?

¿Cuál es la clave de Wi-fi?

꾸알　　에스 라　꼴라베　데 와이파이

단어만 말해도 통한다

예약	**reserva** 레세르바	
1인실	**habitación individual** 아비따시온 인디비두알	
2인실	**habitación doble** 아비따시온 도블레	
욕실이 있는	**con baño** 꼰 바뇨	
아침식사	**desayuno** 데사유노	
점심식사	**almuerzo** 알무에르소	
저녁식사	**cena** 세나	
로비	**lobby** 로비	

179

해변가	Playa
	쁠라야
1층	Primer piso
	쁘리메르 삐소
2층	Segundo piso
	세군도 삐소
지하	subterráneo
	숩떼라네오
비상구	salida de emergencia
	살리다 데 에메르헨시아
식당	restaurante
	레스따우란떼
지배인	gerente
	헤렌떼
영수증	recibo
	레시보

단어만 말해도 통한다

화장실	baño 바뇨
시내통화	llamada local 야마다 로깔
장거리 전화	llamada de larga distancia 야마다 데 라르가 디스딴시아
전화요금	factura de teléfono 팍뚜라 데 뗄레포노
우편물	correo 꼬레오
이발소	peluquería 펠루께리아
미용실	Salón de belleza 살론 데 베예사
귀중품	Artículo de valor 아르띠꿀로 데 발로르

181

세금	**impuesto** 임뿌에스또	
팁	**Propina** 쁘로삐나	

01. 저렴한 가격의 음식점을 소개 받고 싶습니다.

Quiero un restaurante no muy caro.

끼에로　운　레스따우란떼　노　무이　까로

02. 몇 시까지 합니까?

¿Hasta qué hora está abierto?

아스따　께　오라　에스따　아비에르또

03. (식당주소를 가리키며) 그곳에 어떻게 가야 합니까?

¿Cómo puedo ir hasta allí?

꼬모　뿌에도　이르　아스따　아이

183

04. 이 음식점에서 가장 잘하는 요리는 무엇입니까?

¿Qué plato me recomienda?

께　쁠라또　메　레꼬미엔다

05. 메뉴를 보여 주세요.

La carta, por favor.

라　까르따　뽀르　파보르

06. 저는 정식으로 하겠습니다.

Quiero el menú del día.

끼에로 엘 메누 델 디아

---

07. (메뉴를 가리키며) 이걸로 주십시오.

Esto, por favor.

에스또 뽀르 파보르

---

08. 미네랄워터를 주십시오.

Agua mineral, por favor.

아구아 미네랄 뽀르 파보르

---

09. 정말 맛있습니다.

Está sabroso.

에스따 사브로소

---

10. 계산 좀 부탁합니다.

La cuenta, por favor.

라 꾸엔따 뽀르 파보르

11. 전부 얼마입니까?

¿Cuánto es en total?

꾸안또　에스 엔 또딸

12. 신용카드도 사용할 수 있습니까?

¿Aceptan la tarjeta de crédito?

아셉딴　라 따르헤따 데 끄레디또

13. 이 근처에 있는 좋은 음식점(맛집)을 소개해 주세요.

¿Puede recomendarme un buen

뿌에데　레꼬멘다르메　운 부엔

185

restaurante cerca de aquí?

레스따우란떼　세르까 데 아끼

14. 이 지방의 명물 요리를 먹고 싶습니다.

Me gustaría probar algo típico de

메 구스따리아　쁘로바르 알고 띠삐꼬 데

la región.

라 레히온

식당	**restaurante** 레스따우란떼
정식	**menú del día** 메뉴 델 디아
일품 요리	**plato a la carta** 쁠라또 알라 까르따
철판구이 새우	**gambas a la plancha** 감바스 알라 쁠란차
오징어 튀김	**calamares a la romana** 깔라마레스 알 라 로마나
훈제연어	**salmón ahumado** 살몬 아우마도
고기스프	**caldo de carne** 깔도 데 까르네
생선스프	**caldo de pescado** 깔도 데 뻬스까도

단어만 말해도 통한다

야채스프 caldo de verduras
깔도 데 베르두라스

토마토 스프 caldo de tomate
깔도 데 또마떼

돼지고기 cerdo
세르도

닭고기탕 pollo al chilindrón
뽀요 알 칠린드론

감자튀김 patatas fritas
빠따따스 프리따스

사과 manzana
만사나

딸기 fresa
프레사

포도 uva
우바

단어만 말해도 통한다

| 귤 | **mandarina** |
| | 만다리나 |

| 복숭아 | **melocotón** |
| | 멜로꼬똔 |

| 오렌지 | **naranja** |
| | 나랑하 |

| 끓인 | **hervido** |
| | 에르비도 |

| 훈제한 | **ahumado** |
| | 아우마도 |

| 찐 | **cocido al vapor** |
| | 꼬시도 알 바뽀르 |

| 튀긴 | **frito** |
| | 프리또 |

| 소금 | **sal** |
| | 살 |

단어만 말해도 통한다

설탕	**azúcar** 아수까르
간장	**salsa de soya** 살사 데 소야
마늘	**ajo** 아호
식초	**vinagre** 비나그레
물	**agua** 아구아
커피	**café** 까페
홍차	**té** 떼
우유	**leche** 레체

단어만 말해도 통한다

맥주	**cerveza**	
	세르베사	
레드와인	**vino tinto**	
	비노 띤또	
화이트 와인	**vino blanco**	
	비노 블랑꼬	
아이스크림	**helado**	
	엘라도	

교통

01. ~행 표를 주십시오.

Deme un billete para ~

데메　운　비에떼　빠라 ~

---

02. 얼마입니까?

¿Cuánto es?

꾸안또　에스

---

03. 하루에 몇 편 있습니까?

¿Cuántas veces sale al día?

꾸안따스　베세스　살레　알　디아

---

04. 승선 시각은 몇 시입니까?

¿A qué hora se embarca?

아께　오라　세　엠바르까

---

05. 배는 어디에서 탑니까?

¿Dónde se embarca?

돈데　세　엠바르까

06. ~로 가는 버스는 어느 것입니까?

¿Cuál es el autobús para ir a la ~?

꾸알 에스 엘 아우또부스 빠라 이르알 라

07. 출발 시간은 몇 시입니까?

¿A qué hora sale?

아께 오라 살레

192

08. 철도역은 어떻게 가야 합니까?

¿Cómo se va a la estación de

꼬모 세 바 알 라 에스따시온 데

tren?

뜨렌

09. 매표소는 어디입니까?

¿Dónde está la taquilla de

돈데 에스따 라 따끼야 데

billetes?

비예떼스

10. ～의 관광선에는 어떤 것들이 있습니까?

¿Qué tipo de excursiones en
께　　띠뽀　　데　　엑스꾸르시오네스　　엔

barco hay?
바르꼬　　　아이

---

11. 여기에서 가장 가까운 지하철역은 어디입니까?

¿Dónde está la estación del
돈데　　　에스따　라　　에스따시온　　　델

metro más cercana?
메프로　　　마스　　　세르까나

193

---

12. 지하철 표는 어디에서 사야 합니까?

¿Dónde se compran los billetes
돈데　　　세　　　꼼쁘란　　　로스　　비예떼스

para el metro?
빠라　　　엘　　　메뜨로

13. 도착하면 알려주세요.

Avíseme cuando lleguemos, por
아비세메 꾸안도 예게모스 뽀르

favor.
파보르

194

매표소	taquilla 따끼야
안내소	oficina de información 오피시나 데 인포르마시온
역	estación 에스따시온
입구	entrada 엔뜨라다
출구	salida 살리다
환승	transbordo 뜨란스보르도
표	billete 비예떼
버스 정거장	parada de autobús 빠라다 데 아우또부스

195

단어만 말해도 통한다

편도표	**billete de ida** 비예떼 데 이다
왕복표	**billete de ida y vuelta** 비예떼 데 이다 이 부엘따
좌측	**lado izquierdo** 라도 이스끼에르도
우측	**lado derecho** 라도 데레쵸
맞은편	**lado opuesto** 라도 오뿌에스또
뒤쪽	**detrás** 데뜨라스
거스름돈	**vuelto** 부엘또
시내버스	**autobús urbano** 아우또부스 우르바노

성인	adulto
	아둘또

어린이	niño
	니뇨

분실물	objetos perdidos
	오브헤또스 뻬르디도스

관광

01. 경치가 좋은 곳은 어디입니까?
¿Dónde hay un paisaje bonito?
돈데　아이　운　빠이사헤　보니또

02. 저는 ~을 보고 싶습니다.
Quisiera ver ~.
끼시에라　베르

03. 여기에서 걸어서 갈 수 있습니까?
¿Se puede ir a pie desde aquí?
세　뿌에데　이르아　삐에　데스데　아끼

198

04. 버스로 갈 수 있습니까?
¿Se puede ir en autobús?
세　뿌에데　이르　엔　아우또부스

05. 이 지도에 기입해(적어) 주세요.
Indíquemelo en el mapa, por favor.
인디께멜로　엔 엘　마빠　뽀르　파보르

06. 입장료는 얼마입니까?

¿Cuánto cuesta la entrada?

꾸안또   꾸에스따   라   엔뜨라다

---

07. 식사는 포함되어 있습니까?

¿Está incluida la comida?

에스따   잉끌루이다   라   꼬미다

---

08. 몇 시에 출발합니까?

¿A qué hora parte?

아   께   오라   빠르떼

199

---

09. 몇 시경에 돌아옵니까?

¿A qué hora se regresa?

아   께   오라   세   레그레사

---

10. 요금은 얼마입니까?

¿Qué precio tiene?

께   쁘레시오   띠에네

11. 길을 잃어버렸습니다.
Estoy perdido.
에스또이   뻬르디도

12. 제 사진을 찍어 주시겠습니까?
¿Podría tomarme una foto?
뽀드리아   또마르메   우나   포또

200

13. 사진을 보내겠습니다.
Le enviaré las fotos.
레   엔비아레   라스   포또스

14. 이메일 주소를 이곳에 적어 주세요.
Escriba aquí su email.
에스끄리바   아끼   수   이메일

15. 이 근처에 미술관이 있나요?
¿Hay algún museo de arte cerca de aquí?
아이   알군   무세오   데 아르떼 세르까 데 아끼

16. 관광 안내소는 어디에 있습니까?

¿Dónde está la oficina de

돈데　　에스따 라　　오피시나　데

turismo?

뚜리스모

---

17. 1일 (반나절) 코스가 있습니까?

¿Hay algún recorrido de un día

아이　알군　　레꼬리도　　데　운　디아

(medio día)?

(메디오 디아)

---

18. 택시로 관광하고 싶습니다.

Requiero el servicio de taxi y guía

레끼에로　　엘　세르비시오　데　딱시 이　기아

de turismo.

데　뚜리스모

19. 몇 시까지 버스로 돌아와야 합니까?

¿A qué hora tengo que volver
아 께 오라 뗑고 께 볼베르

al autobús?
알 아우또부스

---

20. 감사합니다. 오늘 정말 즐거웠습니다.

Gracias. Me lo he pasado muy
그라시아스 멜 로 에 빠사도 무이

bien.
비엔

202

---

21. 이 지도를 보고 길을 알려주시겠습니까?

¿Me podría indicar el camino en
메 뽀드리아 인디까르 엘 까미노 엔

el mapa?
엘 마빠

22. 저와 함께 사진을 찍지 않겠습니까?

¿Se puede sacar una foto
세　　뿌에데　사까르　우나　포토

conmigo?
꼰미고

관광	**turismo**
	뚜리스모

입장권	**billete de entrada**
	비예떼 데 엔뜨라다

유람선	**barco de recreo**
	바르꼬 데 레끄레오

안내원	**guía**
	기아

명소	**atracciones turísticas**
	아뜨락시오네스 뚜리스띠까스

공원	**parque**
	빠르께

박물관	**museo**
	무세오

시청	**ayuntamiento**
	아윤따미엔또

단어만 말해도 통한다

동물원	**parque zoológico**
	빠르께 소올로히꼬

식물원	**jardín botánico**
	하르딘 보따니꼬

놀이공원	**Parque de atracciones**
	빠르께 데 아뜨락시오네스

극장(연극)	**Teatro**
	떼아뜨로

영화	**cine**
	시네

전람회	**exposición**
	엑스뽀시시온

시골	**campo**
	깜뽀

호수	**lago**
	라고

단어만 말해도 통한다

강	**río**
	리오

바다	**mar**
	마르

항구	**puerto**
	뿌에르또

유적지	**ruinas**
	루이나스

산	**montaña**
	몬따냐

축제	**fiesta**
	피에스따

입장료	**entrada**
	엔뜨라다

우체국	**oficina de correos**
	오피시나 데 꼬레오스

단어만 말해도 통한다

경찰서	**comisaría** 꼬미사리아
도서관	**biblioteca** 비블리오떼까

01. 이 근처에 쇼핑몰이 있습니까?

¿Hay un centro comercial por aquí?

아이 　 운 　 센뜨로 　 꼬메르시알 　 뽀르 　 아끼

---

02. 이것과 같은 물건이 있습니까?

¿Hay algo igual que esto?

아이 　 알고 　 이구알 　 께 　 에스또

---

03. 만져 봐도 되겠습니까?

¿Puedo tocarlo?

뿌에도 　 또까를로

208

---

04. 입어 봐도 되겠습니까?

¿Puedo probármelo?

뿌에도 　 쁘로바르메로

---

05. 이걸로 주십시오.

Esto, por favor.

에스또 　 뽀르 　 파보르

06. 얼마입니까?

¿Cuánto cuesta?

꾸안또   꾸에스따

---

07. 영수증도 함께 주십시오.

El recibo, por favor.

엘   레시보   뽀르   파보르

---

08. 별도로 포장해 주십시오.

Envuélvalos aparte.

엔부엘바로스   아빠르떼

---

09. 이곳의 특산물은 무엇입니까?

¿Cuáles son los artículos típicos

꾸알레스   손 로스 아르띠꿀로스   띠삐꼬스

de la zona?

데 라   쏘나

10. 면세점이 있습니까?

¿Hay tiendas libres de
아이   띠엔다스   리브레스   데

impuestos?
임뿌에스또스

---

11. 가격을 조금 싸게 해줄 수 있습니까?

¿Podría rebajar un poco el
뽀드리아   레바하르   운   뽀꼬   엘

precio?
쁘레시오

단어만 말해도 통한다

쇼핑몰	**Centro comercial** 센뜨로 꼬메르시알	
지갑	**billetera** 비예떼라	
안경	**gafas** 가파스	
남성복	**ropa de hombres** 로빠 데 옴브레스	
여성복	**ropa de mujeres** 로빠 데 무헤레스	
아동복	**ropa de niños** 로빠 데 니뇨스	
유아복	**ropa de bebé** 로빠 데 베베	
양말	**calcetines** 깔세띠네스	

손수건	**pañuelo** 빠뉴엘로
스카프	**bufanda** 부판다
장갑	**guantes** 구안떼스
모자	**sombrero** 솜브레로
시계	**reloj de pulsera** 렐로흐 데 뿔세라
반지	**anillo** 아니요
귀걸이	**Pendientes** 뻰디엔떼스
브로치	**broche** 브로체

단어만 말해도 통한다

보석	joyas 호야스	
금	oro 오로	
향수	perfume 베르푸메	
만년필	pluma estilográfica 쁠루마 에스띨로그라피까	
우산	paraguas 빠라구아스	
큰/작은	grande / pequeño 그란데 / 뻬께뇨	
긴/짧은	largo/corto 라르고 / 꼬르또	
넓은/좁은	amplio / angosto 암쁠리오 / 앙고스또	

두꺼운 얇은	**grueso / fino** 그루에소 / 피노
흑색	**negro** 네그로
흰색	**blanco** 블랑꼬
빨강	**rojo** 로호
파랑	**azul** 아쑬
노랑	**amarillo** 아마리요
핑크	**rosa** 로사
녹색	**verde** 베르데

단어만 말해도 통한다

회색	**gris** 그리스
갈색	**marrón** 마론
면	**algodón** 알고돈
마	**lino** 리노
비단	**seda** 세다
모	**lana** 라나
가죽	**cuero** 꾸에로
구두가게	**zapatería** 사빠떼리아

단어만 말해도 통한다

식료품점	**tienda de alimentos** 띠엔다 데 알리멘또스
약국	**farmacia** 파르마시아
동전	**moneda** 모네다
여행자 수표	**cheque de viajero** 체께 데 비아헤로
면세	**libre de impuestos** 리브레 데 임뿌에스또스
달러	**dólares** 돌라레스
비싼	**caro** 까로
싼	**barato** 바라또
할인	**rebaja** 레바하

01. 공중전화는 어디에 있습니까?

¿Dónde hay un teléfono público?

돈데　　아이　운　　뗄레포노　　뿌블리꼬

---

02. 여보세요. ~ 입니까?

¡Hola! ¿Hablo con ~?

올라　　　아블로　　꼰~

---

03. ~씨와 이야기 하고 싶습니다.

Quiero hablar con el señor ~.

끼에로　　아블라르　　꼰　엘　세뇨르~

217

---

04. 저는 ~입니다.

Habla ~

아블라~

---

05. 언제쯤 돌아옵니까?

¿Cuándo volverá?

꾸안도　　　　볼베라

06. 저에게 전화해 달라고 전해 주십시오.

Dígale que me llame, por favor.
디갈레　께　메　야메　뽀르　파보르

---

07. 우체국은 어디에 있습니까?

¿Dónde está la oficina de correos?
돈데　에스따 라 오피시나 데　꼬레오스

---

08. 우체국은 몇 시에 엽니까? (닫습니까?)

¿A qué hora abre (cierra)
아　께　오라　아브레　(시에라)

correos?
꼬레오스

---

09. 그것을 속달로 보내주세요.

Por correo express, por favor.
뽀르　꼬레오　엑스쁘레스　뽀르　파보르

218

10. ～로 국제 전화를 걸고 싶습니다.

Quisiera hacer una llamada
끼시에라　　아세르　우나　야마다

internacional a ~
인떼르나시오날　아~

단어만 말해도 통한다

공중전화	**teléfono público**	
	뗄레포노 뿌블리꼬	
우체국	**oficina de correos**	
	오피시나 데 꼬레오스	
시내전화	**llamada local**	
	야마다 로깔	
국제전화	**llamada internacional**	
	야마다 인떼르나시오날	
소포	**paquete**	
	빠께떼	
휴대폰	**celular**	
	셀룰라르	
속달	**correo express**	
	꼬레오 엑스쁘레스	
주소	**dirección**	
	디렉시온	
취급주의	**frágil**	
	프라힐	

01. 여권을 잃어버렸습니다.

He perdido el pasaporte.

에 뻬르디도 엘 빠사뽀르떼

02. 지갑을 도난당했습니다.

Me han robado la billetera.

메 안 로바도 라 비예떼라

03. 경찰서는 어디에 있습니까?

¿Dónde está la comisaría?

돈데 에스따 라 꼬미사리아

04. 그것을 찾도록 도와주세요.

Ayúdeme a buscarlo, por favor.

아유데메 아 부스까를로 뽀르 파보르

05. 도와주세요.(긴급상황)

¡Socorro!

소꼬로

06. 언제쯤 연락받을 수 있습니까?

¿Cuándo me avisarán?

꾸안도　　　메　　아비사란

---

07. 교통사고가 났습니다.

Ha habido un accidente de tráfico.

아　　아비도　　운　　악시덴떼　　데　　뜨라피꼬

---

08. 경찰을 불러 주십시오.

Llame a la policía, por favor.

야메　　알 라　　뽈리시아　　뽀르　　파보르

---

09. 병원으로 데려가 주십시오.

Lléveme al hospital, por favor.

예베메　　알　　오스삐딸　　뽀르　　파보르

---

10. 서둘러 주십시오.

¡Dese prisa, por favor!

데세　　쁘리사　　뽀르　　파보르

11. 의사를 불러 주십시오.

Llame a un médico, por favor.

야메 아 운 메디꼬 뽀르 파보르

---

12. 여기가 아픕니다.

Me duele aquí.

메 두엘레 아끼

---

13. 열이 있습니다.

Creo que tengo fiebre.

끄레오 께 뗑고 피에브레

---

14. 감기에 걸린 것 같습니다.

Estoy resfriado (resfriada).

에스또이 레스프리아도 (레스프리아다)

---

15. 저는 ~ 에 알레르기가 있습니다.

Soy alérgico a ~

소이 알레르히꼬 아~

16. 진단서를 주십시오.
Un certificado médico, por favor.
운 세르띠피까도 메디꼬 뽀르 파보르

---

17. 이 처방전의 약을 주십시오.
Entréguenme remedios de esta
엔뜨레게메 레메디오스 데 에스따

receta.
레세따

224

18. 약은 어떻게 먹습니까?
¿Cómo se toma?
꼬모 세 또마

---

19. 사고 증명서를 주십시오.
Un certificado de accidente, por
운 세르띠피까도 데 악시덴떼 뽀르

favor.
파보르

단어만 말해도 통한다

의사	médico
	메디꼬
약국	farmacia
	파르마시아
병원	hospital
	오스삐딸
처방전	receta médica
	레세따 메디까
열	fiebre
	피에브레
체온계	termómetro
	떼르모메뜨로
진통제	Analgésico
	아날헤씨꼬
가려운데 바르는 연고	crema para picadura
	끄레마 빠라 삐까두라
소화제	digestivo
	디헤스띠보

225

귀국 ▼

01. 그걸로 예약해 주십시오.

Resérveme ese, por favor.
레세르베메 에세 뽀르 파보르

---

02. 몇 시부터 탑승이 시작됩니까?

¿A qué hora se puede embarcar?
아 께 오라 세 뿌에데 엠바르까르

---

03. 다음 ~행 비행기는 언제입니까?

¿Cuándo sale el siguiente vuelo a ~?
꾸안도 살레 엘 시기엔떼 부엘로 아

226

---

04. ~행 비행기를 예약하고 싶습니다.

Quiero reservar un asiento en el
끼에로 레세르바르 운 아시엔또 엔 엘

vuelo para ~.
부엘로 빠라

05. 비행기 편명과 시간을 알려 주십시오.

Dígame el número de vuelo

디가메　엘　누메로　데　부엘로

y la hora, por favor.

이 라　오라　뽀르　파보르

---

06. ~항공의 카운터는 어디입니까?

¿Dónde está el mostrador de la

돈데　에스따 엘　모스뜨라도르　델 라

línea ~?

리네아~

227

---

07. 체크인은 몇 시입니까?

¿A qué hora se hacen los trámites

아　께　오라　세　아센　로스　뜨라미떼스

del embarque?

델　엠바르께

08. 몇 번 게이트입니까?

Dígame el número de la puerta de
디가메　　엘　　누메로　　데 라 뿌에르따　데

salida.
살리다

---

09. 등록 할 수하물이 없습니다.

No tengo equipaje para
노　　떼고　　에끼빠헤　　빠라

registrarme.
레히스뜨라르메

228

단어만 말해도 통한다

항공권	**billete de avión** 비예떼 데 아비온
탑승권	**tarjeta de embarque** 따르헤따 데 엠바르께
공항	**aeropuerto** 아에로뿌에르또
예약	**reserva** 레세르바
표	**billete** 비예떼
편명	**vuelo** 부엘로
시각표	**horario** 오라리오
목적지	**destino** 데스띠노

프랑스

릴

브레스트

파리

낭트

디종

리옹

보르도

마르세유

칸

툴루즈

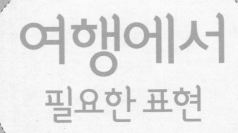

여행에서
필요한 표현

01. 안녕하십니까? (아침)
Bonjour.
봉주르

02. 안녕하십니까? (오후)
Bonsoir.
봉수아르

03. 안녕하십니까? (저녁)
Bonsoir.
봉수아르

04. 안녕히 계세요.
Au revoir.
오 흐브아르

05. 안녕히 주무세요.
Bonne nuit.
본   뉘이

06. 또 만납시다.

Au revoir.
오 흐브아르

---

07. 감사합니다.

Merci beaucoup.
메르시 보꾸

---

08. 아무것도 아니에요(천만에요).

Il n'y a pas de quoi.
일 니 아 빠 드 꾸아

---

09. 실례합니다.

Excusez-moi.
엑스뀌제 무아

---

10. 좋습니다.

Très bien.
트레 비엥

11. 부탁합니다.

S'il vous plait.
실 부 쁠레

---

12. 어떻게 지냈어요?

Comment allez-vous?
꼬망 딸레 부

---

13. 네.

Oui.
위

235

---

14. 이름은 무엇입니까?

Comment vous appelez-vous?
꼬망 부 자쁠레 부

---

15. 아니요.

Non.
농

16. 잠시만 기다려주세요.

Un instant, s'il vous plait.
엉　　넹스땅　　실　　부　　쁠레

---

17. 앉아 주세요.

Prenez place, je vous prie.
프르네　　쁠라스　　쥬　　부　　프리

---

18. 만나게 되어 반갑습니다.

Je suis ravi(e) de vous
쥬　쉬　　하비　　드　부

rencontrer.
헝꽁트레

입국할 때

01. 여행 목적은 무엇입니까?
Quel est le but de votre voyage?
껠 　레 르 뷔 드 보트르 　봐야쥬

02. 관광(비즈니스)입니다.
Le tourisme (affaires).
르 　뚜리즘 　(아페르)

03. 약 2주간입니다.
Environ deux semaines.
앙비롱 　되 　스멘

237

04. 신고해야 할 물건이 있습니까?
Rien à déclarer?
리에 　나 　데끌라레

05. 아니요, 없습니다.
Non, rien.
농 　리앙

06. 시내 지도가 있습니까?

Puis-je avoir un plan de la ville?
뛰주 　 아부아 　 엉 　 쁠랑 　 드 　 라 　 빌

---

07. 택시는 어디서 탑니까?

Où puis-je prendre un taxi?
우 　 쀠 　 쥬 　 프렁드흐 　 엉 　 딱시

238

08. ～호텔로 가 주십시오.

À l'hôtel ~,s'il vous plait.
아 　 로뗄~ 　 실 　 부 　 쁠레

---

09. (주소를 보여주며) 이곳으로 가주십시오.

J'aimerais me rendre ici.
재므래 　 　 므 　 렁드르 　 이시

---

10. 얼마입니까?

Ca fait combien?
사 　 페 　 꽁비앵

11. 며칠(얼마) 동안 머물 예정입니까?

Combien de jours resterez-
꽁비앙 드 쥬르 레스트레

vous ici?
부 이시

---

12. 수화물은 어디서 찾습니까?

Où puis-je trouver mes
우 쀠 쥬 투루베 메

bagages?
바가쥬

239

---

13. 지금(당장) 확인해 주시겠습니까?

Pouvez-vous vérifier tout de suite,
뿌베 부 베리피에 뚜 드 쉬트

s'il vous plaît?
실 부 쁠레

14. 친구들에게 줄 선물입니다.

Ce sont des cadeaux pour des
스 송 데 까도 뿌르 데

amis.
자미

---

15. 환전해 주십시오.

Changez la monnaie s'il vous
샹제 라 모네 실 부

plait.
쁠레

---

16. 유로로 바꿔주세요.

Changez ceci en Euros s'il vous
샹제 스시 엉 유로 실 부

plait.
쁠레

17. 여행자 수표를 현금으로 바꿔 주십시오.

Touchez le chèque de voyage s'il
뚜셰 르 셰끄 드 봐야쥬 실

vous plait.
부 쁠레

---

18. 잔돈으로 바꿔 주십시오.

Changez ceci en petite monnaie,
샹제 스시 앙 쁘디뜨 모네

s'il vous plait.
실 부 쁠레

---

19. 관광 안내소는 어디에 있습니까?

Où peut-on trouver le bureau
우 뾔 똥 트루베 르 뷔로

d'informations touristiques?
댕포흐마시옹 뚜리스띠끄

20. 시내로 가는 버스가 있습니까?

Y a-t-il un autobus pour aller en
이 아띨 엉 노또뷔스 뿌르 알레 엉

ville?
빌

단어만 말해도 통한다

좌석번호	**Numéro de siège**
	뉘메르 디 시에즈

스튜어드	**Hôtesse de l'air**
	오떼스 드 레르

신문	**Journal**
	주르날

입국심사	**Immigrations**
	이미그라시옹

여권	**Passeport**
	빠스뽀르

세관신고서	**Déclaration en douane**
	데끌라라시옹 앙 두안

수화물	**Bagage à main**
	빠가주 아 맹

수화물 취급소	**Livraison des bagages**
	리브레종 데 바가쥬

243

단어만 말해도 통한다

통화신고	Déclaration des devises	데끌라라시옹 데 데비르
환율	Cours de change	꾸흐 드 샹쥬
바꾸다	Changer	샹제
잔돈	Monnaie	모네
현금	Espèces	에스뻬스
환전소	Bureau de change	뷔로 드 샹즈
공항버스	Autocar d'aéroport	오또까르 다예오뿌르
요금	Tarif	따리프

01. 너무 비싸지 않은 호텔을 찾고 있어요.

Je cherche un hôtel pas trop cher.

주　셰르슈　엉　노뗄　빠　트로　셰르

---

02. 하룻밤 숙박료가 얼마입니까?

Quel est le prix pour une nuit?

켈　레　르 프리　뿌르　윈　뉘

---

03. 체크인 해 주십시오.

Je voudrais faire le check-in.

주　부드레　페르 르　세　깽

245

---

04. 식당은 어디에 있습니까?

Où se trouve le restaurant?

우　스　투르브　르　헤스또랑

---

05. 잠시만 기다려주십시오.

Un moment, s'il vous plait.

엉　모망　실　부　쁠레

06. 제게 온 우편물이 있습니까?

Est-ce qu'il y a du courrier pour moi?
에스 낄 리 아 드 꾸리에 뿌르 모아

---

07. 숙소를 하루 더 연장하고 싶습니다.

Je désire séjourner un jour de plus.
주 데지르 세주르네 엉 주르 드 쁠뤼

---

08. 욕실(샤워실)이 달린 방으로 하고 싶습니다.

246

Je désire une chambre avec salle
주 데지르 원 샹브르 아베끄 살

de bains (douche).
드 방 (두슈)

---

09. 싱글 룸(트윈 룸)을 원합니다.

Je désire une chambre a un lit
주 데지르 원 샹브르 아 엉 리

(deux lits).
(도우 리)

10. 식당은 몇 시에 엽니까?

A quelle heure ouvre le
아 껠 뢰르 우브르 르

restaurant?
헤스또랑

---

11. 공항까지 택시로 몇 분 정도 걸립니까?

Combien de temps faut-il pour
꽁비앵 드 떵 포떨 뿌르

aller en taxi jusqu'à l'aéroport?
알레 엉 딱씨 쥐스꺄 라에로뽀르

247

---

12. 체크아웃 시간은 몇 시입니까?

À quelle heure faut-il quitter la
아 껠 뢰로 포떨 끼떼 라

chambre?
샹브르

단어만 말해도 통한다

예약	Réservation
	레제르바시옹
1인실	Chambre pour une personne
	샹브르 뿌르 윈 뻬르손느
2인실	Chambre pour deux personnes
	샹브르 뿌르 되 뻬르손느
아동침대	Lit pour enfant
	리 뿌르 앙팡
욕실이 있는	Avec salle de bain
	아베끄 살 드 방
아침밥	Petit déjeuner
	쁘띠 데죄네
점심	Déjeuner
	데죄네
저녁	Dîner
	디네

단어만 말해도 통한다

해변가	**Près de la mer** 프레 들 라 메르	
로비	**Hall** 올	
1층	**Rez-de-chaussée** 레 드 쇼 세	
2층	**Premier étage** 프르미에 에따쥬	
지하	**Sous-sol** 수 솔	
비상구	**Sortie de secours** 소르띠 드 스꾸르	
식당	**Restaurant** 레스또랑	
지배인	**Directeur** 디렉뙤르	

단어만 말해도 통한다

영수증	**Reçu** 흐슈	
짐꾼	**Bagagiste** 빠가지스뜨	
화장실	**Toilettes** 뚜알레뜨	
시트	**Drap** 드라	
시내통화	**L'appel local** 라뻴 로깔	
장거리 전화	**L'appel interurbain** 라뻴 언때르유흐뱅	
전화요금	**Frais de telephone** 프래 드 뗄레폰	
우편물	**Le courrier** 르 꾸리에	

250

단어만 말해도 통한다

우표	**Le timbre** 르 땡브르	
이발소	**Le coiffeur** 르 꾸아푀르	
미용실	**Le salon de coiffure** 르 살롱 드 꾸아푀르	
귀중품	**Les objets de valeur** 레 오브제 드 발뢰르	
세금	**La taxe** 라 딱스	
서비스료	**Les frais de service** 레 프래 드 세흐비스	

251

음식점

01. (식당주소를 가리키며) 그곳에 어떻게 가야 합니까?
Comment s'y rend-on?
꼬망   시   랑똥

02. 저는 정식요리로 하겠습니다.
Je prendrai le menu, s'il vous plait.
쥬   프렁드래   르   므뉴   실   부   쁠레

252

03. (메뉴를 가리키며) 이걸로 주십시오.
Donnez-moi ceci, s'il vous plait.
돈네   무아   스시   실   부   쁠레

04. 정말 맛있습니다.
C'est excellent.
세   엑셀랑

05. 계산 좀 부탁합니다.
L'addition, s'il vous plait.
라디시옹   실   부   쁠레

06. 전부 얼마입니까?

Combien cela fait-il en tout?
꽁비앵　　슬라　페띨　앙　　뚜

07. 이 근처에 있는 좋은 음식점(맛집)을 소개해 주세요.

Pouvez-vous me recommander
뿌베부　　　　　　므　　　　르꼬망데

un bon restaurant près d'ici?
엉　　봉　　　레스또랑　　　쁘레디시

253

08. 이 지방의 명물 요리를 먹고 싶습니다.

Je voudrais goûter des spécialités
주　　　부드레　　　구떼　　　데　　　스뻬

régionales.
레지오날

09. 저렴한 가격의 음식점을 소개 받고 싶습니다.

Je voudrais un restaurant pas trop
주　부드레　엉　레스또랑　빠　트로

cher.
셰르

---

10. 몇 시까지 합니까?

Jusqu'à quelle heure le restaurant
쥐스까　켈　뢰르　르　레스또랑

est-il ouvert?
에띨　우베르

---

11. 어느 정도 기다려야 합니까?

Combien de temps faut-il
꼼비앵　드　땅　포띨

attendre?
아땅드르

12. 메뉴를 보여 주세요.

Pourrais-je voir la carte, s'il vous
뿌레루 부아 라 꺄르뜨 실 부

plait.
레

13. 이 음식점에서 가장 잘하는 요리는 무엇입니까?

Quelle est la spécialité de la
켈 레 라 스뻬시알리떼 드 라

maison?
메종

255

14. 이 지역의 특산 요리는 무엇입니까?

Avez-vous des spécialités
아베 부 데 스뻬시알리떼

régionales?
레지오날

15. 이것과 같은 것으로 주세요.

Apportez-moi la même chose
아뽀르떼무아   라 멤   쇼즈

que ca.
꼬 사

---

16. 미네랄워터를 주십시오.

Apportez-moi de l'eau minérale,
아뽀르떼무아   드 로   미네랄

s'il vous plait.
실 부 쁠레

단어만 말해도 통한다

식당	**Restaurant** 레스또랑	
향토요리	**Cuisine locale** 뀌진 로깔	
정식	**Menu** 므뉴	
훈제연어	**Saumon fume** 소몽 뛰메	
생굴	**Huître** 위트르	
달걀 마요네즈	**Œuf dur à la mayonnaise** 외프 뒤르 마요네즈	
양파스프	**Soupe à l'oignon** 수쁘 아 로뇽	
야채스프	**Soupe aux légumes** 수쁘 오 레큄	

257

단어만 말해도 통한다

생선스프	**Soupe au poisson**	
	수쁘 오 뿌아쏭	
쇠고기	**Bœuf**	
	뵈프	
돼지고기	**Porc**	
	뽀르	
양고기	**Mouton**	
	무똥	
송아지고기	**Veau**	
	보	
오이	**Concombre**	
	꽁꽁브르	
토마토	**Tomate**	
	토마뜨	
양파	**Oignon**	
	오뇽	
옥수수	**Maïs**	
	마이스	

단어만 말해도 통한다

시금치 **Epinard**
에삐나르

버섯 **Champignon**
샹 삐뇽

완두콩 **Petit pois**
쁘띠 뿌아

감자 **Pomme de terre**
뽐 드 떼르

호박 **Potiron**
뽀띠롱

사과 **Pomme**
뽐

수박 **Pastèque**
빠스떼끄

딸기 **Fraise**
프레즈

복숭아	**Pêche** 뻬슈
포도	**Raisin** 레쟁
끓인	**Bouilli** 부유
구운	**Cuit au four** 뀌 또 푸르
찐	**Cuit à la vapeur** 뀌 따 라 봐쀠르
튀긴	**Frit** 프리
훈제한	**Fumé** 퓌메
소금	**Sel** 셀
설탕	**Sucre** 쉬끄르

단어만 말해도 통한다

간장	**Sauce de soja** 소스 드 소자
식초	**Vinaigre** 비네그르
커피	**Café** 까페
코코아	**Chocolat(chaud)** 쇼꼴라
홍차	**Thé** 떼
레몬차	**Thé au citron** 떼 오 씨트롱
냉커피	**Café glacé** 까페 글라세
맥주	**Bière** 비에르
아이스크림	**Glace** 글라스

01. 매표소는 어디입니까?

Où est le guichet?
우 에 르 기셰

---

02. ~행 표를 주십시오.

Un billet pour~, s'il vous plait.
엉 비예 뿌르 실 부 쁠레

262

03. 얼마입니까?

Quel est le tarif?
켈 레 르 따리프

---

04. 열차는 정각에 떠납니까?

Le train part-il à l'heure?
르 트랭 파르띨 아 리르

---

05. ~로 가는 버스는 어느 것입니까?

Quel bus va au~?
켈 뷔스 바 오

06. 배는 어디에서 탑니까?

Où sont les embarcadères?
우 송 레 장바르까데르

---

07. 표는 어디에서 삽니까?

Où prend-on les billets?
우 퍄오 레 비예

---

08. 차는 어디에서 빌릴 수 있습니까?

Je cherche une voiture à louer.
주 셰르슈 윈 부아뛰르 아 루예

263

---

09. 지하철 표는 어디에서 사야 합니까?

Où vend-on des tickets de métro?
우 방똥 데 띠께 드 메트로

---

10. 택시 승강장은 어디입니까?

Où est la station de taxi?
우 에 라 스따시옹 드 딱시

11. (주소를 보여주며) 그곳에 어떻게 가야 합니까?

Comment s'y rend-on?

꼬망 　　　시 　　랑똥

---

12. 철도역은 어떻게 가야 합니까?

Par où va-t-on à la gare de

빠르　 우 　　바똥 　　알 라　 갸르　 드

chemins de fer?

슈맹 　　　드 페르

---

13. ~의 관광선에는 어떤 것들이 있습니까?

Qu'est-ce qu'il y a comme

꺼스 　　　　　 낄 리 아 　　꼬망

bateaux de tourisme sur la~?

바또 　　드 　　뚜리슴 　　쉬르 라

14. 하루에 몇 편 있습니까?

Combien de croisières y a-t-il

꽁비앵 드 크루아지에르 이 아띨

par jour?

빠르 주르

---

15. 승선 시각은 몇 시입니까?

À quelle heure commence

아 켈 뢰르 꼬망스

l'embarquement?

랑빠르끄망

265

---

16. 여기에서 가장 가까운 지하철역은 어디입니까?

Où est la station de métro la plus

우 에 라 스따시옹 드 메트로 라 쁠뤼

proche?

프로슈

17. 도착하면 알려 주세요.

Pouvez-vous me prévenir
뿌베 부　　　므　프레브니르

lorsque nous arriverons?
로스끄　　누　　　자리브롱

단어만 말해도 통한다

매표소	Le guichet	
	르 기셰	
안내소	Le bureau d'informations	
	르 뷔로 댕포르마시옹	
역	La gare	
	라 갸르	
개찰구	Le contrôle	
	르 꽁트롤	
입구	L'entrée	
	랑트레	
출구	La sortie	
	라 소르띠	
환승역	La correspondance	
	라 꼬레스뽕덩스	
표	Le billet	
	르 비예	

267

버스 정류장	**L'arrêt du bus** 라레 드 뷔스
요금	**Le tarif** 르 따리프
편도	**Aller simple** 알레 쌤쁠르
왕복	**Aller-retour** 알레 흐뚜르
좌측	**À gauche** 아 고슈
우측	**À droite** 아 드루아뜨
맞은편	**En face** 앙 파스
뒤쪽	**Derrière** 데리에르

단어만 말해도 통한다

성인	**Adulte** 뒬뜨아	
어린이	**Enfant** 앙팡	

269

01. 경치가 좋은 곳은 어디입니까?

Où y a-t-il un endroit avec un beau

우 야 띨 엉 앙드루아 아베끄 엉 보

paysage?

뻬이쟈쥬

---

02. 여기에서 걸어서 갈 수 있습니까?

Peut-on y aller à pied?

뾔동 이 알레 이 삐에

270

---

03. 버스로 갈 수 있습니까?

Peut-on y aller en autobus?

뾔똥 이 알레 엉 노또뷔스

---

04. 이 지도에 표시해주세요.

Montrez-moi sur le plan, s'il vous plait.

몽트레 무아 쉬르 르 쁠랑 실 부 쁠레

---

05. 여기서 멉니까?

Est-ce loin d'ici?

에스 로앵 디시

06. 입장료는 얼마입니까?

Combien coûte le billet d'entrée?

꽁비앵 꾸뜨 르 비에 당트레

---

07. 식사는 포함되어 있습니까?

Est-ce que le repas est compris?

에스 끄 르 르빠 에 꽁프리

---

08. 어디에서 출발합니까?

Où commence le circuit?

우 꼬망스 르 시르뀌뜨

271

---

09. 요금은 얼마입니까?

Quel est le tarif?

켈 레 르 따리프

---

10. 화장실은 어디에 있습니까?

Où sont les toilettes?

우 송 레 뚜알레뜨

11. 기념품 가게는 어디에 있습니까?

Où est le magasin de souvenirs?
우 에르 마가쟁 드 수브니르

---

12. 길을 잃어버렸습니다.

Je me suis égaré.
주 므 쉬 제갸레

272

13. 이곳에 주소를 적어 주십시오.

Ecrivez l'adresse ici.
에크리베 라드레스 이시

---

14. 사진을 보내겠습니다.

Je vous enverrai la photo.
주 부 장브레 라 뽀또

---

15. 여기가 어디입니까?

Quel est cet endroit?
껠 레 셋 떵드루아

16. 관광 안내소는 어디에 있습니까?

Où se trouve le bureau
우 스 트루브 르 뷔로

d'informations touristiques?
댕포르마시옹 뚜리스띠끄

---

17. 어떤 종류의 투어가 있습니까?

Quels genres d'excursions
켈 쟝르 덱스뀌르지옹

avez-vous?
아베 부

---

18. 1일 (반나절) 코스가 있습니까?

Avez-vous des circuits d'une
아베 부 데 시르뀌뜨 뒨

journée (demi-journée)?
주르네 (드미 주르네)

19. 인기 있는 투어를 소개해 주십시오.

Pouvez-vous m'indiquer les
뿌베　　부　　　맹디께　　　레

meilleures excursions?
메이외르　　　젝스뀌르시옹

---

20. 투어는 몇시에 끝나나요?

À quelle heure se termine le
아　　켈　　리르　　스　　떼르민　　르

circuit?
시르뀌

---

21. 택시로 관광하고 싶습니다.

Je voudrais faire une excursion
주　　부드레　　페르　　엉　　넥스뀌르지옹

en taxi.
엉　딱시

22. 몇 시까지 버스로 돌아와야 합니까?

À quelle heure faut-il revenir a
아　켈　리르　포떨　르브니르　아

l'autocar?
로또꺄르

---

23. 감사합니다. 오늘 정말 즐거웠습니다.

Cette excursion a été tres
세뜨　엑스뀌르지옹　아 에떼　트레

agréable, Merci.
자그레아블　메르시

275

---

24. 실례합니다. ~로 가는 길을 가르쳐 주십시오.

Excusez-moi, par quel chemin
엑스뀌제 무아　파르　켈　슈맹

va-t-on à~?
빠 똥　아

25. 이 지도로 길을 알려주시겠습니까?

Pouvez-vous me montrer le
뿌베　　부　므　몽트레　르

chemin sur ce plan?
슈맹　　쉬르　스　쁠랑

---

26. 제 사진을 찍어 주시겠습니까?

Pouvez-vous me prendre en
뿌베　　부　므　프랑드르　엉

276

photo?
뽀또

---

27. 저와 함께 사진을 찍지 않겠습니까?

Est-ce qu'on peut prendre une
에스　　꽁　뿌　프렁드르　윤느

photo ensemble?
포토　　엉섬블르

28. 이 필름을 현상해 주십시오.

Je voudrais faire développer cette

주   부드레   페르   데벨로삐   세뜨

pellicule.

펠리뀔르

277

단어만 말해도 통한다

관광	**Le tourisme** 르 뚜리슴
안내원	**Le guide** 르 기드
입장권	**Le ticket d'entrée** 르 띠께 덩트레
유람선	**Le bateau de tourisme** 르 빠또드 드 뚜리슴
관광지	**Les sites touristiques** 레 시뜨 뚜리스띠끄
공원	**Le jardin public** 르 쟈르댕 쀠블리끄
동물원	**Le zoo** 르 주
식물원	**Le jardin botanique** 르 쟈르댕 보따니끄

단어만 말해도 통한다

박물관	**Le musée** 르 뮈제	
미술관	**Le musée (des beaux-arts)** 르 뮈제 (데 보 자르)	
궁전	**Le palais** 르 빨레	
유원지	**Le parc d'attractions** 르 빠르끄 다트락시옹	
시청	**L'hôtel de ville** 로뗄 드 빌	
극장	**Le théâtre** 로뗄 드 빌	
호수	**Le lac** 르 라끄	
강	**La rivière** 라 리비에르	

단어만 말해도 통한다

| 바다 | **La mer** |
| | 르 메르 |

| 항구 | **Le port** |
| | 르 뽀르 |

| 박람회 | **L'exposition** |
| | 렉스뽀지시옹 |

| 유적 | **Les ruines** |
| | 레 뤼ㄴ |

| 탑 | **La tour** |
| | 라 뚜르 |

| 시골 | **La campagne** |
| | 라 깡빠뉴 |

| 영화 | **Le film** |
| | 르 필름므 |

| 사진 | **La photo** |
| | 라 뽀또 |

단어만 말해도 통한다

산	**La montagne** 라 몽따뉴	
연주회	**Le concert** 라 꽁세르	
축제	**Le festival** 르 페스티발	
입장료	**Le droit d'entrée** 르 드루아 당트레	
우체국	**Le bureau de poste** 르 뷔로 드 뽀스뜨	
경찰서	**Le poste de police** 르 뽀스뜨 드 뽈리스	
도서관	**La bibliothèque** 라 비블리오떼끄	

쇼핑 ▼

01. 이곳의 특산물은 무엇입니까?
Quelle est la spécialité de la ville?
켈 레 라 스뻬시알리떼 들 라 빌

02. 잠깐 구경하고 있습니다. 감사합니다.
Je regarde seulement. Merci.
주 르갸르드 쇨르망 메르시

282

03. 면세점이 있습니까?
Y a-t-il des boutiques hors-taxes?
이 아띨 데 부띠끄 오르 딱스

04. 만져 봐도 되겠습니까?
Puis-je le toucher?
퓌주 르 뚜셰

05. 입어 봐도 되겠습니까?
Puis-je l'essayer?
퓌주 레세예

06. 이것과 같은 물건이 있습니까?

Avez-vous le même que celui-là?
아베   부르   르   멤   끄   슬뤼   라

---

07. 이걸로 주십시오.

Je prends ca.
주   프랑드르   사

---

08. 얼마입니까?

C'est combien?
세   꽁비앵

---

09. 이 근처에 백화점이 있습니까?

Y a-t-il des grands magasins dans
야   띨   데   그랑   마가쟁   당

le quartier?
르   까르띠에

10. 선물용으로 포장해 주시겠습니까?

Pouvez-vous me l'emballer pour
뿌베   부   므   럼발레   뿌르

offrir?
우프리르

---

11. 가격을 조금 싸게 해줄 수 있습니까?

Est-ce que vous pouvez baisser
에스   끄   부   뿌베   베세

votre prix?
보트르   프리

---

12. 영수증도 함께 주십시오.

Pouvez-vous me donner un reçu,
뿌베   부   므   도네   엉   흐슈

s'il vous plait?
실   부   쁠레

단어만 말해도 통한다

백화점	**Le grand magasin** 르 그랑 마가쟁	
슈퍼마켓	**Le supermarché** 르 쉬베르마르셰	
지갑	**Le portefeuille** 르 뽀르뜨푀유	
안경	**Les lunettes** 레 뤼네뜨	
남성복	**Les vêtements d'hommes** 르 베뜨망 돔	
여성복	**Les vêtements de femmes** 레 베뜨망 드 팜므	
아동복	**Les vêtements pour enfants** 르 베뜨망 뿌르 앙팡	
유아복	**Les vêtements pour bébés** 레 베뜨멍 뿌르 베베	

285

단어만 말해도 통한다

양말	**Les chaussettes** 르 쇼세뜨	
손수건	**Le mouchoir** 르 무슈아	
스카프	**L'écharpe** 레샤르쁘	
장갑	**Les gants** 레 강	
모자	**Le chapeau** 르 샤뽀	
시계	**La montre** 라 몽트르	
반지	**La bague** 라 바그	
귀걸이	**Les boucles d'oreilles** 레 부끌 도레유	

단어만 말해도 통한다

브로치	**La broche** 라 브로슈	
보석	**Le bijou** 르 비주	
금	**L'or** 로르	
은제품	**L'argent** 라르장	
향수	**Le parfum** 르 빠르팽	
비누	**Le savon** 르 사봉	
만년필	**Le stylo** 르 스띨로	
연필	**Le crayon** 르 크레이옹	

우산	Le parapluie
	르 빠라쁠뤼

큰/작은	Grand (de) / petit (te)
	그랑(드) / 쁘띠(뜨)

긴/짧은	Long (gue) / court (te)
	롱(그) / 꾸르(뜨)

넓은/좁은	Large / étroit (te)
	라르루 / 에뜨루아(뜨)

두꺼운 얇은	Epais (se) / fin (fine)
	에뻬(스) / 팽(핀)

흑색	Noir (e)
	누아(르)

흰색	Blanc (che)
	블랑(슈)

빨강	Rouge
	루주

단어만 말해도 통한다

파랑	**Bleu** 블뢰	
노랑	**Jaune** 존	
핑크	**Rose** 로즈	
녹색	**Vert (te)** 베르(뜨)	
보라색	**Violet (te)** 비올레(뜨)	
회색	**Gris (se)** 그리(즈)	
갈색	**Marron** 마롱	
면	**Le cotton** 르 꼬똥	

마	**Le lin** 르 랭
견	**La soie** 라 수아
가죽	**Le cuir** 르 뀌르
모	**La laine** 라 렌
신발가게	**Le magasin de chaussures** 르 마가쟁 드 쇼쉬르
보석가게	**La bijouterie** 라 비주뜨리
식료품	**L'épicerie** 레삐스리
약국	**La pharmacie** 라 빠르마시

단어만 말해도 통한다

현금	**Les espèces** 레 제스뻬스	
신용카드	**La carte de crédit** 라 까르뜨 드 크레디	
면세	**Hors-taxe** 오흐 딱스	
영수증	**Le reçu** 르 르쉬	
비싼	**Cher (Chère)** 쉐흐(쉐흐)	
싼 값	**Bon marché** 봉 마르셰	
할인	**La réduction** 라 레딕시옹	

01. 공중전화는 어디에 있습니까?

Où y a-t-il un publiphone?

우　　야띨　엉　　뷔블리폰

02. 여보세요, ~입니까?

Allo, le~?

알로　　르

03. ~씨와 이야기 하고 싶습니다.

Je voudrais parler a~.

주　　부드레　　　빠를레　　아

292

04. 언제쯤 돌아옵니까?

Quand rentrera-t-il/elle?

깡　　　　항트르라 띨/뗄

05. 저에게 전화해 달라고 전해 주십시오.

Dites-lui de me téléphoner.

디뜨뤼　　　드　　므　　　뗄레포네

06. 죄송합니다. 잘못 걸었습니다.

Excusez-moi, je me suis trompé
엑스뀨제 모아　　쥬므　쉬　트롬뻬

de numéro.
드　　뉴메로

---

07. 수신자 부담으로 ~에 전화를 걸고 싶습니다.

Je voudrais appeler le~en PCV.
주　　부드레　　자쁠레　르　앙　뻬쎄베

293

---

08. 요금은 제가 지불하겠습니다.

Je paie la communication.
주　빼　라　　　꼬뮈니까시옹

---

09. 우체국은 어디에 있습니까?

Où est la poste?
우　에　라　뽀스뜨

10. ~로 국제전화를 걸고 싶습니다.

Je voudrais faire un appel
주　　부드레　　페르　　엉　　나펠

téléphonique international pour le~.
떨레포니끄　　엥떼르나시오날　　뿌르　르

---

11. 그것을 속달로 보내주세요.

Je voudrais envoyer ceci par
주　　부드레　　장부아예　　스시　파르

express.
엑스프레

294

---

12. 우체국은 몇 시에 엽니까? (닫습니까?)

A quelle heure est-ce que la
아　켈　　로르　　에스　　끄　라

poste ouvre (ferme)?
뽀쓰뜨　　우브르　　(페름)

단어만 말해도 통한다

공중전화	**publiphone**	
	쀼블리폰	
우체국	**La poste**	
	라 뽀스트	
시내전화	**L'appel local**	
	라뻴 로깔	
국제전화	**L'appel international**	
	라뻴 언떼흐나씨오날	
소포	**Le colis**	
	르 꼴리	
속달	**Express**	
	엑스프레	
주소	**L'adresse**	
	라드레스	
취급주의	**Attention! Fragile!**	
	아땅시옹 프라질	

295

01. 여권을 잃어버렸습니다.

J'ai perdu mon passeport.

쥐 뻬르뒤 몽 빠스뽀르

02. 지갑을 도난당했습니다.

On m'a volé mon portefeuille.

옹 마 볼레 몽 뽀르뜨페유

03. 경찰서는 어디에 있습니까?

Où est le commissariat?

우 엘르 꼬미사리아

04. 언제쯤 연락받을 수 있습니까?

Quand va-t-on me prévenir?

캉 바똥 므 프레브니르

05. 교통사고가 났습니다.

Il y a eu un accident.

일 리 아 외 엉 나시당

06. 경찰을 불러 주십시오.
Appelez la police.
아쁠레　　라　　쁠리스

07. 병원으로 데려가 주십시오.
Conduisez-moi à l'hôpital.
꽁뒤제　　　　무아　아　　로삐딸

08. 여기가 아픕니다.
J'ai mal ici.
줴　　　말　　이시

297

09. 서둘러 주십시오.
Faites vite!
페뜨　　비뜨

10. 응급조치를 부탁합니다.
Donnez-moi les premiers soins.
돈네　　　　무아　레　　프르미어　　　수앙

11. 의사를 불러 주십시오.

Appelez un docteur.
아쁠레 엉 독뙤르

12. 병원으로 데려가 주십시오.

Conduisez-moi à l'hôpital.
꽁뒤제 무아 아 로삐딸

298

13. 감기에 걸린 것 같습니다.

Je suis enrhumé.
주 쉬 랑뤼메

14. 저는 알레르기 체질입니다.

Je fais de l'allergie.
주 페 드 랄레르지

15. 열이 있습니다.

J'ai de la fièvre.
줴 들 라 피에브르

16. 약은 어떻게 먹습니까?

Quelle est la posologie?
켈 레 라 뽀솔로지

---

17. 이 처방전의 약을 주십시오.

Voici mon ordonnance.
부아시 몽 노르도낭스

---

18. 그것을 찾도록 도와주세요.

Pouvez-vous m'aider à le
뿌베 부 메데 알 르

299

chercher.
셰르셰

19. 사고증명서를 주십시오.

Donnez-moi une attestation
도네모아   윤   아떼스따씨옹

d'accident, s'il vous plait.
악시덩   실   부   쁠레

20. 진단서를 주십시오.

Puis-je avoir un certificat médical
퓌   주   아브아   엉   세르띠피까   메디깔

s'il vous plait.
셀   부   쁠레

21. 처방전을 적어 주십시오.

Pouvez-vous me donner une
뿌베   부   므   돈네   윈

ordonnance, s'il vous plait.
오르돈나스   실   부   쁠레

22. 약을 주십시오.

Je viens prendre mes

주 비앙 프랑드르 메

médicaments.

메디까망

단어만 말해도 통한다

의사	**Le médecin** 르 매드생
약국	**La pharmacie** 라 파르마시
병원	**L'hôpital** 로삐딸
처방전	**L'ordonnance** 로르도낭스
소화불량	**L'indigestion** 랭디제스씨옹
열	**La température** 라 땅뻬라뛰르
체온계	**Le thermomètre médical** 르 떼르모메트로 메디깔

01. 다음 ～행 비행기는 언제입니까?

Quel est le prochain vol pour~?
켈　레르　프로셍　볼　뿌르

02. 그걸로 예약해 주십시오.

Faites-moi une réservation.
페뜨　무아　윈　레제르바시옹

03. ～행 비행기를 예약하고 싶습니다.

Je voudrais réserver une place
주　부르레　레제르베　윈　쁠라스

303

pour~.
뿌르

04. ～항공의 카운터는 어디입니까?

Où est le comptoir
우　에　르　꽁두아르

d'enregistrement de~?
당르지스뜨르망　드

05. 비행기 편명과 시간을 알려 주십시오.

Pouvez-vous me donner le numéro de
뿌베 부 므 도네 르 뉘메로 드

vol et l'heure de départ, s'il vous plait?
볼 에 레르 드 데파르 실 부 쁠레

---

06. 체크인은 몇 시입니까?

À quelle heure commence
아 켈 리르 꼬망스

l'enregistrement?
랑르시스뜨르망

---

07. 몇 시부터 탑승이 시작됩니까?

À quelle heure commence
아 켈 뢰르 꼬망스

l'embarquement?
랑바르끄망

08. 몇 번 게이트입니까?

Par quelle porte se fait

빠르 켈 뽀르뜨 스 페

l'embarquement?

랑바르끄망

---

09. 등록 할 수하물이 없습니다.

Je n'ai pas de bagage à

주 네 빠 드 바가주 아

enregistrer.

앙르지스트레

305

단어만 말해도 통한다

항공권	**Billet d'avion**	
	비예 다비옹	
탑승권	**Carte d'accès à bord**	
	까르뜨 닥세 아 보르	
공항	**Aéroport**	
	야에로뽀르	
예약	**Réservation**	
	레제르바시옹	
표	**Ticket (billet)**	
	띠께 (비예)	
시간표	**Horaire**	
	오레르	
목적지	**Destination**	
	데스따나시옹	

memo

memo

308